U0019199

投資權證，獲利翻倍

股票族斜槓投資，
小資族波波獲利，
讓小錢活起來超有感

彭儒迪／著

序　權證是讓你以小博大，穩賺斜槓收入的利器

　　有位相識多年老友，會玩股票，不太懂權證，獲悉我即將出版這本《投資權證，獲利翻倍》，語帶好奇，又有幾分揶揄（台語刮洗）：「權證？不是有本小哥權證，說他從 10 萬塊滾到千萬元，看來你發了，所以不藏私，要公布投資心法？」

　　我苦笑著，「權證小哥是我玩權證的偶像，我怎麼能跟他比，他是全職專業操作權證達人，我有正職在身，僅能利用工作閒暇時操作，怎麼可能跟他一樣擁有奪目績效，是不能比呀！」

我跟老友說，不只小哥是偶像，我因經常翻閱權證醫生潘俊賢、作者王奕辰（王衡）、股票著作等身方天龍的權證書籍，並常收看權證名人林旅仲的視頻，也間接成為我玩權證的老師。老友瞪著眼說：「喔！看來你對權證情有獨鍾，很認真操作，難怪有心得！」

　　早年我對玩股票有興趣，2002 年曾經出版了一本《股市贏家》（經典傳訊出版），後來接觸到選擇權、台指期，直到接觸到權證，反覆鑽研及理解，我從一介門外漢，開始對權證有了不一樣的詮釋及想法，其中最有感的是「以小搏大、槓桿倍數」的投資特性。

　　最早看到老師們經常提到權證是「以小搏大」的投資工具，幾乎是無感，直覺是老套牙的行銷術語。幾乎每一種投資工具都會刻意強調，為啥老師要頻頻強調？等到讀完、看完相關資料後，好像「係金ㄟ」！不過，我的專長是行銷，講究的是實證，一定要進場試玩確定純度比例，就像行銷中的「試銷」、「市場測試」，必

須有確切數據證明是以小搏大的投資工具，才會收邊為A級投資工具，值得花時間投入。

經過實證後，「以小搏大、槓桿倍數」果然是權證「正港」特性，如假包換。不過我對這項特性的解讀與一般人不同，通常大家會認定是「可以從10萬元滾到千萬元」的特性，但我有專職工作的身分，無法全心投入操作，於是轉而將權證做為我「穩穩賺」的斜槓收入來源。

我從事的是行銷管理職務，很重視商業獲利模式，因為擁有精準的獲利模式，才能源源不絕獲得合理利潤。我玩權證的作法也是基於此，先行研擬出一套穩穩賺的權證獲利模式，認真且規律操作，小錢就能源源滾出一筆不錯的收入。

為什麼我要強調獲利模式？

記得 2002 年我出版《股市贏家》一書，時值 E 世代新經濟迅速席捲市場，傳統獨資或家族企業逐漸轉型成多元化經營模式，企業競爭模式一樣轉變為虛擬 B2B、B2C 多元化競爭模式，那時企管學者及專家呼籲每一位企業人必須重新建立屬於現階段的正確商業模式，不容推諉。「用正確的資產，在正確的時機建立正確的商業模式（Building the right business model with the right assets at the right time）」，這個觀念影響我至深，於是重新詮釋成為這本書的導讀內容，其中有一句關鍵之語：「『用正確的資金，在正確的時機，建立正確的投資模式』，讓自己成為出色的操盤人」。

　　當初我所強調的投資觀念是應用於股票市場，如今一樣適用權證投資模式，我就是一直秉持這個觀念在從事權證投資（玩權證）。因為權證就是要掌握「正確的時機」，而且必須透過「建立正確的投資模式」，才能真正嚐到「以小搏大、槓桿倍數」的甜滋味！

此外，在讀者閱讀之前，我先在序中分享「以小搏大」的實際案例，讓讀者「聞香」。

2021 年 1 月至 4 月期間，股市一路飆漲，加權指數從 14,902.03 上漲至 17,566.66，由於為股市天天有波動行情，我加碼玩權證，平均投勝率 10%，其中有兩檔報酬率超過 50%，一檔是群創（3481）031273，報酬率 55.8%，一檔是友達（2409）032103，報酬率 53.7%，而這些密技也在此書內逐一為你獻聲。

本書是「穩穩賺」權證的獲利模式心得分享，可能沒有辦法讓讀者一時滾出大錢來，但有七成以上把握可以讓玩權證的投資人嚐到以小搏大的甜蜜果實，每個月都有源源不絕的斜槓收入。願與讀者分享玩權證的投資樂趣，並祝玩權證的每位權民，可以玩到荷包滿滿！

最後我除了要特別感謝時報出版的趙政岷董事長，沒有他的勇氣與鼓勵，本書就無法在面臨疫情嚴峻而影

響股市風波未明的環境下能如期付梓上市；編輯部團隊賦予本書多彩生動的編輯風格，讓本書可讀性、活潑性增添不少；還有我的多年好同事亦是文化工作者梁雲芳女士幫忙在我生澀的用文遣詞中替書稿潤飾有加，同事吳畔岳老師協助我蒐集與整理書中諸多的個人投資案例，才得以供讀者分享。還有許多無時無刻都在幫助我的朋友，總之，謝謝你們！

彭儒迪　2021.6.16

投資權證，獲利翻倍

目錄

Part 1 　玩權證獲利速度比玩股票快

Part 2 　權證專屬獲利 4 方程式

Part 9　活用 8 密技提高獲利

Part 10　在「對」的時機玩權證有利可圖

Part 11 提高獲利必學盤勢技巧

Part 12 股票族新權友操盤 10 叮嚀

讓錢活起來——
做對權證，獲利翻倍漲

連玩股票都賺不到錢，千萬不要玩權證

　　投資權證要先學會玩股票嗎？我的主張一向如此。有些朋友知道我投資權證績效不錯，投勝率比例高，但是對於這種講法很疑惑：「你是說如果沒有玩過股票，權證也不要玩？」我直接告訴他們：「如果你連玩股票都賺不到錢，千萬不要玩權證！」有些人開始聽了很不開心，覺得所言差矣，但是聽我解釋，聽懂以後反而會給我大大按讚。因為這句話的意含是：「你懂得玩股票，而且也賺到了錢，再拿出小比例玩股票的錢當作玩權證的籌碼；只要做對了，獲利會比股票來得高，經常有2、

3 倍的獲利。」

　　我就是進出股市多年，累積不少相關獲利技巧，譬如：如何選股、看懂技術線圖等，之後接觸到權證，從最初幾百元的小錢試玩，玩出心得後，逐漸加碼權證投資比例。之前股票：權證比是 70：30，後來股票降低、權證上升，目前已經轉換至 30：70，有段時間甚至到 20：80。

玩權證之前，必先懂得玩股票

　　最初玩權證時，是帶著學習的心態試著操作，每次下單都抱著以小搏大的希望，帶來高槓桿的獲利倍數，可是還沒有掌握勝率的心法，所以戰戰兢兢，擔心虧損、虧本。從我的「權證投資紀錄」，可以清楚發現當時身為新手的我，的確有諸多不穩定的操作手法，忠實表現在操作紀錄中。

我是在六年前的 8 月份，第一次玩權證，買了 2 張試試怎麼玩，買的是技嘉永豐 0340904L，購入價格 0.24 元，成本 488 元，30 天後 9 月 24 日賣，賺了 931 元，換算下來，投勝率 190%，幾乎兩倍（樂歪了，見下表）。看到是兩倍的投勝率，投資權證信心大增，之後步步為營，從小錢開始玩，邊玩邊累積投資策略。最初玩時，投勝率蠻高，下單 10 次，投勝率占八成，只有兩成賠錢出場，整體來說是翻倍獲利。

倍數投勝率獲利權證（104 年 8 月 -10 月權證投資紀錄）

標的股	權證	張數	買價〔元〕	成本〔元〕	賣價〔元〕	收入金額	價差〔元〕	投勝率〔%〕	投資天數
技嘉 2376	034090 4L 永豐	3	0.24	740	0.5	1,479	739	99.86	14 天
		2	0.24	488	0.72	1,419	931	190	30 天
台灣 50 0050	035920 凱基 84	10	0.14	1420	0.36	700	1,658	116.76	40 天
					0.3	2378			

製表人：彭儒迪

不過隨著股市震盪，投勝率愈來愈低，雖然有 3 檔倍數獲利權證，但也有數檔虧損 50% 以上的權證（見下表），另外還有三項不恰當的投資策略：一是留倉天數

太長，有些是兩個星期，有些是兩個月；二是總投報率雖有 9.57%，但投負率比例仍然偏高，有兩檔還是 -70% 以上；三是買入價格都很低，是深度價內或深度價外。我的心裡覺得不妙，是不是有哪些投資眉角失誤了？

投負率虧損 > 50% 權證（104 年 8 月 -10 月權證投資紀錄）

標的股	權證	張數	買價〔元〕	成本〔元〕	賣價〔元〕	收入金額	價差〔元〕	投勝率〔%〕	投資天數
富邦金 2881	034112 KK 元富	5	0.15	770	0.07	330	-440	-57.14	40 天
聚陽 1477	034945 8Q 永豐	5	1.09	5470	0.28	1379	-4091	-74.79	39 天
大立光 3008	033608 凱基 29	5	0.78	3920	0.19	930	-2990	-76.28	21 天

製表人：彭儒迪

幸因是試作期，反而讓我有機會調整是否有更好的操作手法。而我的投資一向很謹慎，既然「權證投資紀錄」已完整記載風雨飄搖過程，我當然不會貿然繼續下單，有必要重新研究及調整策略。在大量閱讀與權證相關的書籍、雜誌及觀看金融電視媒體、上課學習的協助，

以及勤於試作之下，最後得到重要的關鍵——「玩權證要玩出高投勝率，必先懂得玩股票，如果連玩股票都賺不到錢，真的不要玩權證」。

　　幸好當時有此體會，於是改變策略，從重視選股開始。有些標的股適合玩權證，有些標的股並不適合，一定要註記清楚；而且是要在有波動的時間進行交易，如果風平浪靜，就先做等待，同時以短期操作替代長期存股。此外權證是衍生性商品，與玩股票策略不同，還得熟稔權證相關知識。如果兩方面都沒有投資策略，你以為會賺到錢嗎？不虧損已是萬幸，還奢望賺翻倍？

　　果然我的作法對了，投勝率變高，平均都有 10%以上獲利，翻倍獲利績效也不少。曾經我認為權證適合小資族投資，1,000 元、3,000 元也都可以進場；等我玩權證玩出心得後，領悟到權證更適合積極進出股市的股票族，對於翻倍獲利更有感。這就是本書撰寫的動機之一。我相信個人不穩定的操作方式，應也會在股票族玩

權證新手權友身上發生，希望透過彼此的心得交流，讓更多人的小錢活起來，享受獲利無限的投資樂趣。

2 檔投勝率高獲利權證操作

投資獲利要憑有據，特別挑選 2 檔除權息隔日沖獲利的權證、當月操作權證獲利 3 萬元實例供讀者參考。主要是鼓勵股票族踴躍參與權證投資，只要根據本書內容掌握交易眉角，每月多賺 2、3 萬元絕非難事。

實例 1：除權息隔日沖獲利 41.36% 實例

106 年，我的權證操作已愈來愈熟稔，穩定性很高，不再做小波段操作，主攻隔日沖，買價均在價內 10%-價外 15%，張數在 50 張至 150 張之間，投勝率提高至 90%，投報率平均維持在 10%。

在 106 年 6-9 月除權息行情期間，我的操作很密集，

幾乎每個交易日都有操作。根據我的除權息紀錄，6月26日–7月31日期間，一共有27天交易日，平均1.5天操作一次；8月1–9日期間，一共有7天交易日，平均1.5天操作一次。這段期間，我沒有一檔虧損，每一檔都賺錢，其中有兩檔投報率不錯，一檔是41.35%，一檔是36.41%，因此挑選給讀者參考。

除權息隔日沖獲利權證

標的股	權證	張數	買價〔元〕	成本〔元〕	賣價〔元〕	收入金額〔元〕	價差〔元〕	投勝率〔%〕	投資天數
鴻準 2354	元大 055366	30	0.74	22,232	1.05	31,424	9,192	41.35	1
TPK-KY	國泰 060846	120	1.11	133,389	1.52	181,958	48,569	36.41	1

製表人：彭儒迪

實例2：當月操作權證獲利3萬元實例

我常跟新手權友說，隔日沖的留倉時間短，風險低，只要調整好緊張情緒，學會挑選好標的股及進出場時間，假以時日，小錢會活起來，替自己加薪好幾倍。

投資權證，獲利翻倍

以下是挑選當月操作 3 檔權證，就獲利 3 萬元實例。

除權息是權證旺季，過了除權息以後平常時日，玩權證的投報率仍然不低。以 106 年 9 月份為例，一共操作三次，有兩次是隔日沖，一次是小波段操作，平均投勝率 14.48%，總獲利 31,486 元。

這就是我經常鼓勵股票族新手權友玩權證的原因，利用權證可以讓小錢活起來，等到學會操作技巧，並累積到一桶 10 萬元的資金後，一次可以買進 100 張以上，雖然平均投報率為 10% 左右，但總獲利金額仍有 3 萬元，已接近上班族一個月的薪水。

只要你願意進場玩權證，認真學習權證技巧，是可以賺到翻倍的獲利！期待股票族能夠一起參與有波浪行情的權證商品，絕對會讓你感受到權證好好玩的獲利樂趣，讓你的斜槓收入有亮點！

除權息隔日沖獲利權證

標的股	權證	張數	買價（元）	成本（元）	賣價（元）	收入金額	價差（元）	投勝率（%）	投資天數
台積電 2330	日盛 61557	180	0.67	120,772	0.80	143,651	22,879	18.94	13
頎邦 6147	元富 731211	60	0.73	43,862	0.80	47,884	4,022	9.17	1
欣興 3037	國泰 064095	80	0.66	52,875	072	57,460	4,585	8.68	1
總計				217,509		248,995	31,486	14.48	

製表人：彭儒迪

以小搏大、槓桿倍數的火花，投資人超有感

　　權證在台灣已經發行很多年了，第一檔及第二檔權證是在 1977 年 8 月 20 日發行。之前我對衍生性金融商品沒有信心，總覺得沒有股票來得穩當，並未琢磨。我長期關心股票、期貨及外幣投資市場，也進場多年獲利不少。6 年前開始，偶爾看到權證相關零星資料，最初認為不就是一種衍生性金融商品，應該不會有什麼特別火花；只是沒有想到，愈來愈有感覺。後來我乾脆加入證券商舉辦的權證說明會，做更深入的瞭解。原本我對

投資權證，獲利翻倍

投資權證興趣不高，後經閱讀、上課及試玩後，才發現權證值得股票族進場交易。其中最吸引我目光及抓住腦袋的是「以小搏大」及「槓桿倍數」特質。

以小搏大、槓桿倍數不是老生常談嗎？我怎麼會對老掉牙的名詞感興趣？主要是看完一篇又一篇相關資料，加上獲利試算後，眼睛確實一亮，腦袋也跟著動起來，這種感覺不禁讓我想起早年奇異果「係金ㄟ」的廣告詞，原來權證正是「以小搏大」及「槓桿倍數」的「正港」投資工具。

投資 10,000 元有賺 1 倍機會

「小」是真的小，投資 1,000、3,000 元的小金額，就可以買到一張「哈」很久，卻買不下手的股票權利。像目前購買一張一千股大立光股票至少需要準備 3、400 萬元，一個每月賺 5 萬元的族群，不吃不喝 8 年，才能買一張大立光，只能望股興嘆，買不下手！但是你卻可

以用只要 1,000 元到幾萬元不等的價格買一張大立光權證，參與高價股的漲跌，並從中獲利數倍。

「大」是真的大，賺得不只 5%、10% 或 20%，甚至可能飆升 1 倍、10 倍。1,000 元的 10%，賺得是 100 元，1,000 元 ×10% ＝ 100 元；1,000 元的 1 倍，1,000 元 ×1 ＝ 1,000 元，依此推論，投資 10,000 元，10,000 元賺 1 倍，就等於賺回 10,000 元的投資成本。

孫悟空翻筋斗的槓桿倍數

槓桿倍數的解釋，可以用阿基米得「給我一個支點，一根夠長的槓桿，我將舉起地球」的名言舉例，能將槓桿理論解釋的恰如其分。而我個人覺得《西遊記》孫悟空翻一個筋斗，就可以翻到十萬八千里的倍數理論，比起阿基米得更有感覺。小時候閱讀《西遊記》，很多同學巴不得擁有孫悟空騰空翻越本事，我也不例外。權證的槓桿倍數雖然沒有那麼誇張，但相較其他投

資工具，的確有一翻筋斗就能穿過層層雲霧到達 3-15
倍部位的神奇作用，超有感。

　　以元寶先生為例，3 月 16 日同時以 1 股 73 元買進
一張頎邦（6147）股票，資金為 73,000 元，又用買股
票的 20% 的 14,770 元，以 1 股 2.11 元買進七張由群益
證券發行的頎邦權證（716359）。到了 3 月 19 日，同
時賣掉股票、權證，股票 78 元賣出，賺了 5,000 元，權
證以 2.89 元全部賣出，賺了 5,460 元，3 天的報酬率有
天壤之別，權證獲利 36.97% 倍，股票 6.85%，**權證報
酬率是現股報酬率的 5.4 倍**。

　　從下表可以看到，2021 年 3 月 16 日買進一張頎
邦，需要 73,000 元的資金，但如果只買連結頎邦的權
證的話，只要用 2% 的資金，只要 14,770 元，就能買到
七張權證。2021 年 3 月 19 日賣出標的股的投資報酬率
是 6.85%，權證為股票的 5.4 倍，不僅所需的本金較少，
報酬率還是翻倍。

購買股票 V.S 標的股權證報酬率

日期／進出明細	標的股 頎邦 6147	權證 頎邦群益 08 購 01 716359
標的股：2021/03/16 買進 1 張 權證：2021/03/16 買進權證 7 張	73 元 ×1,000 股 = 73,000 元	2.11 元 ×7000 股 = 14,770 元
標的股：2021/03/19 賣出標的股 1 張 權證：2021//03/19 賣出權證 7 張	78 元 ×1,000 股 = 78,000 元	2.89 元 ×7000 股 = 20,230 元
獲利金額	5,000 元 （未扣除交易成本）	5.460 元 （未扣除交易成本）
報酬率	6.85%	5.4 倍

製表人：彭儒迪

　　槓桿倍數大，賺得倍數高，但是股價下跌時，損失也會很大。我得言明在先，權證投資者必須注意權證風險，免得賺得到的錢又全部賠進去，可是會猛捶心肝！幸好權證損失有限，最壞情況是賠掉購買權證的金額，買了 1,000 元，就是賠 1,000 元，買了 30,000 元，就是賠 30,000 元，不像其他投資工具，譬如融資買股票，會是慘賠。

有位不懂權證，卻是玩股票老手，認為權證與買刮刮樂、大樂透相同，投資 50 元、100 元就可以高額獲利，從幾十萬、百萬到千萬、億元，看起來雷同，實則不同。權證看起來很像刮刮樂、大樂透，投資金額不用很高，千元至數萬元就能買到一個獲利權利；但是刮刮樂、大樂透中獎多半是靠運氣，而權證的風險或獲利，是可以透過事前做好研究盤勢、股勢、趨勢等功課，就可以掌握獲利線圖，避開風險，提高勝率比例。

小錢「活」起來，累積變大錢

權證具備以小搏大、槓桿倍數的特質，相互撞擊的結論是：「權證是讓小錢『活』起來的投資工具」，一張千元就可以進場，透過槓桿倍數獲利，再將獲利的錢變成數千元加碼進場，獲利後重覆做，透過「小錢活水」的滋養，1,000 元小錢的投資，會逐步變成萬元、10 萬元、50 萬元，甚至是百萬元、數百萬元的大錢。

這就是權證的魅力，可以先從小錢進場學習，即使損失，也不像股價直線下跌，被券商追債慘狀，頂多損失買權證的權利金。股票族進場的金額常是數十萬、數百萬元以上，不會是小錢，但可以拿出投資股票的十分之一或二十分之一，嘗試什麼是「以小搏大、槓桿倍數」真實滋味，

　　待學會投資權證的訣竅後，就可以再提高投資金額，享受槓桿倍數的甜美果實。

　　權證要怎麼操作？股票族常會覺得自己已是股票老手，買賣權證哪有問題。有幾位朋友就是如此，聽到我進場權證有很高的勝率，在知其一，卻不知其二的狀況下進場，投勝率不到三成，很納悶？雖然權證標的是股票，兩者投資手法不盡相同，絕不能輕忽，也不能大意，仍需要有一個學習期、準備期，就像開車一樣，必須認識方向盤、油門、煞車等特性之後，才能安全上路。

玩權證前及操作中，必須要先行認識權證特性，與投資股票之間的差異性。我投入權證之前，也是花了時間做研究，抓住投資訣竅後，才決定下場。我的第一次玩權證，主要是學習如何掌握投資權證的心態、培養下單手感，獲利反而是其次，只要能夠賺到錢，哪怕是賺到一塊錢，都很值得。雖然投入的金額不多，沒有料到我的獲利倍數，是投入金額的 3 倍，給了我很大信心，終於體會到「孫悟空翻筋斗，一躍千里」的獲利倍數快感，果真是獲利翻倍翻的絕佳投資工具。

　　有了手感後，我更加積極投入權證投資，累積 3 年紮實經驗，篤定三件事：

　　1. 權證具備以小搏大獲利特性，採隨波動變動的投資策略，一定會有獲利；再將獲利金額持續做為投資成本，3-6 個月後，不但賺回本金，還有不錯獲利績效。

　　2. 操作權證要有紀律性，像是投資金額要分批進

入，不要一筆錢全數投入，要分成三次或五次；無論損失或獲利，最好每週操作一次，不因損失影響情緒而不進場，反而要以平常心進場掛單，只要逐步學會趨勢判斷、挑選具有波動股票標的、抓準買進賣出時機等等的投資技巧，就能看到小錢活起來的曲線，累積成為一筆為數可觀的大錢。

3. 權證賺的是「時機」錢，不用每天盯著股市盤價，也不必獨鍾幾檔產業股，只要掌握股市產業輪轉起伏的波浪，常是下單後就翻倍獲利。尤其是每年 6 至 9 月的除權息時期，一波又一波的浪頭源源不斷，利用權證的槓桿特質，賺入的可能是一年的上班收入。我將會在第 195 頁〈除權息日是好時機，股價波動劇烈有行情〉一文中詳實說明除權息操作方法，只要好好學會操作技巧，就會獲利無限。

投資權證，獲利翻倍

掌握投資權證節奏，就能嚐到甜美果實

總結以上，我用「節奏」形容，只要穩穩不急的操作，掌握到投資權證的節奏，先期投資成本一定會回收，而且獲利數倍。如果有賺少賠多，多半是節奏沒有調整好，需要耐心找出問題癥結，穩住節奏。如果盤勢總是平盤，沒有波動起伏，不妨暫時休兵，好好研究盤勢，等到有波動時再持續操作。

權證很適合股票族，有意願進入權證市場者，依照書中操作步驟及買賣策略，就可以為自己再增加一筆斜槓收入，何樂不為！

[Part 1]

玩權證獲利速度
比玩股票快

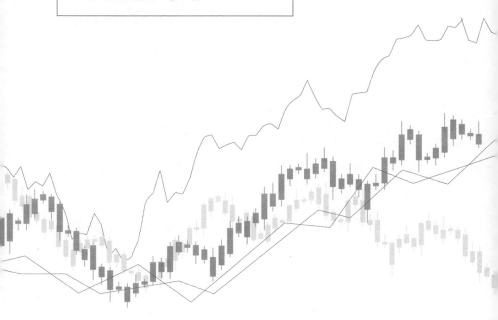

■ 運用之妙存乎一心，買權證獲利實例

眾所周知「羅馬不是一天造成」，玩權證獲利數倍的道理相同，就像是一個完全不會玩沖浪的人，怎麼可能在不懂的狀況下，拿起沖浪板就會站上浪頭頂端，都是從基礎累積，一步步到位後，才有可能享受到權證獲利的痛快感。

權證是衍生性金融商品，投入之前，要空出時間接受權證洗禮。我常跟股票族說：「請準備一只空的盒子，當然空的抽屜、空的瓶子也可以，不要也不能攪入任何雜質、原料，請用一種『空性』態度學習，好好咀嚼、消化及吸收。等到馬步紮穩，就可運用自如，提高權證勝率。」

談到權證，我很欣賞「運用之妙，存乎一心」，這句出自於岳飛的謀略，意思是「擺好陣勢再出戰」。

打仗是競爭常規，但運用巧妙的靈活度，來自思考、謀略。權證操作模式同出一轍，本書章節的「搞懂權證特性、學會挑對標的股、篩選獲利股票、活用密技」，所有內容都是權證陣勢，股票族必須好好研讀，因為這些都是權證常規。至於獲利數倍關鍵，「運用之妙，存乎一心」是重要關鍵。有思考、有謀略，才能在起伏不定的股海中持續獲利，特別是除權息旺季期間，權友會面對一波又一波的除權息波浪，如何掌握操作技巧賺取高倍獲利，就是驗收蹲馬步（年輕人會說是深蹲）是否紮實的時刻。

千元買權證，短天數獲利 50%

千元買權證也可以獲例？答案是肯定的。

有一位朋友是存股族（化名鄭良），覺得存股配息獲利很慢，常常聽我講以小搏大、槓桿倍數，有一天跟我提起，願意用 1、2 千元嘗試一下玩權證，希望我指

導他，提點操作眉角，讓他感受一下什麼是以小搏大的獲利。當時正是被動元件族群的走勢上揚，我請他注意被動元件個股的表現，其中提到國巨、華新科、信昌電，只要發現股價持續飆漲，就可以鎖定任何一家，先買一張權證感受一下什麼是有感獲利。

有一天，他 line 我，感謝我的提點，他用一千元買了一張華新科權證，一個星期後賣掉了，賺了 1,300 元，投報率 30%。110 年 2 月，被動元件的華新科股價有走揚波動，股價從 220 元飆漲，他是在標的股 240 元買到一張 1.00 元的權證，由於那段時間華新科每天上漲，鄭良認為應該有機會獲利，果然股價陸續上漲，後來賣在 1.30 元，短短三天，他獲利 300 元，超開心與我分享他的獲利。

獲利變投資成本，再獲利實例。鄭良投資權證賺到第一筆自然開心，我提點說，華新科持續上揚，再買華新科，應該還有再獲利機會，至於是買之前的權證，或

另行再挑選其他證券商發行的權證，可以自行決定。鄭良覺得我的建議不錯，於是再用 1,300 元，以 1.30 元再買另一檔華新科認購權證，三天後，**他賣在 1.50 元，獲利 200 元，投報率 20%**。兩次投入時間，總加六天，投入成本 1,000 元，獲利 500 元，報酬率 50%。

■ 除權息行情，獲利很有感

鄭良買股票賺得是配息，發現短短六天的投報率就有 50%，如果用存股金額 30 萬元的 50% 計算，換算下來，已經賺入 15 萬元，讓鄭良直呼不可思議。不過鄭良驚呼權證獲利的同時，也會擔心萬一下單後，股票價格就開始下滑，如果沒有停損出場，是不是也會慘賠？鄭良的顧慮很對，權證操作對，獲利翻倍，做錯方向也會虧損。所以我鼓勵他多看與股票、權證投資的書籍、報紙，也要多看財經電視節目、專業投資網路平台的資

訊，邊學、邊操作。等到掌握股市趨勢、股票標的波動投資節奏，就會提高投勝率，持續獲利；接著就可以一次買 10 張、20 張、50 張，甚至 100、200 張，就能看到不斷翻漲的獲利。

我是個斜槓族，每天都有各項工作需要安排，投資權證也是其中項目。開始玩權證時，只是想試探是不是真的可以小本獲利；後來愈操作愈有心得，我發現只要掌握「存乎一心」的操作策略，賺到百萬元不是難事。最初試單時，一檔投入約 1、2 千元左右，張量很少，5 張、10 張左右，慢慢提高到 1、2 萬元，每次購買權證的張數都在 20 張。目前投資成本已經 10-50 萬元之間，張數從 50 張、100 張，甚至 200 張。另外每年都有除權息期間，權證交易一定有行情，而且波浪是一波又一波，只要謹守短天數的紀律，是會有 2、30 萬元的獲利。

我很喜歡鄭良的認真，願意學習權證操作，我於是拿出「2020 年 6 月 23 日至 7 月 31 日參加除權息」的投

資報表，讓鄭良分享萬元獲利的實例。因為除權行情是權證獲利旺季，當他看到封面載明的紀錄：平均每檔權證的交易天數為 1.5 天、總獲利率 9.14%，其中有一檔權證一天交易投報率 41.36%，他決心要好好學習，提高投資勝率，一定要讓小錢活起來，累積個人財富。

2020 年 6 月 23 日至 7 月 31 日除權息行情投資效益	
權證投資天數	28 天
平均每檔交易天數	1.5 天
權證總交易金額	2,464,908 元
權證總交易獲利金額	207,920 元
權證總獲利率	8.43
權證交易最高獲利率	41.36%（一天）

說明：天數是扣掉例假日及國定假日後的交易天數
製表人：彭儒迪

　　我告訴鄭良，這段參與除權息行情的成本，是之前投資權證逐漸累積的資金，最初投資成本介於 2-10 萬

元，獲利之後再投入，就這樣錢滾錢，滾出了可觀獲利。

　　我從鄭良身上看到一位存股族快速累積財富的渴望，因此願意與他分享我的權證操作心法。撰寫此書的初衷，也是希望像鄭良一樣的股票族，願意一步步學習權證操作，嚐到獲利翻倍的喜悅。

■ 玩權證是波波獲利，好好操作投勝率高

　　眾多投資工具中，我為什麼會對權證多有琢磨？除了不用大筆資金就能投入之外，最關鍵之處在於波波獲利，只要有波動行情，整個月都會有行情。每個人對於投資各有所好，我喜歡將投資視為斜槓收入，而權證剛好有此特性，透過波波獲利，每個月都會多一筆額外收入。從下表 2021 年我的「權證投資紀錄」即能看出波波獲利的貢獻。

10 檔波波獲利權證（2021 年 1 月 4 日至 3 月 26 日）

序	標的股	權證	交易日	交易別	股數	成交價〔元〕	金額〔元〕	損益金額〔元〕	投勝率〔%〕
1	南亞科 2408	元大 078364	12/29	買	20,000	1.46	29,241	3,081	10.54
			1/4	賣	20,000	1.62	32,322		
2	金居 8358	國泰 717137	1/6	買	20,000	1.42	28,440	1,687	5.93
			1/7	賣	20,000	1.51	30,127		
3	欣興 3037	群益 077512	1/6	買	20,000	1.00	20,028	2,119	10.58
			1/11	賣	20,000	1.11	22,147		
4	宏捷科 8086	群益 715833	1/6	買	20,000	1.33	26,637	4,887	18.35
			1/11	賣	20,000	1.58	31,524		
5	宏捷科 8086	群益 715833	1/12	買	20,000	1.50	30,042	6,470	21.54
			1/13	賣	20,000	1.83	36,512		
6	南亞科 2408	永豐 078405	1/12	買	20,000	0.80	16,022	1,536	9.59
			1/13	賣	20,000	0.88	17,558		
7	華新科 2492	元大 079155	2/18	買	20,000	1.80	36,051	4,850	13.45
			2/19	賣	20,000	2.05	40,901		
8	萬海 2615	永豐 077501	2/18	買	20,000	1.09	21,831	4,506	20.64
			2/22	賣	20,000	1.32	26,337		
9	松翰 5471	統一 087719	3/17	買	20,000	0.80	16,020	544	3.40
			3/18	賣	20,000	0.83	16,564		
10	中砂 1560	永豐 087015	3/11	買	10,000	0.91	9,120	-748	-8.20
			3/26	賣	10,000	0.84	8,372		
合計							233.432	28,932	12.39

製表人：彭儒迪

2021 年全球仍處於新冠肺炎擴散期間，當時台灣疫情未增溫，1 月至 4 月期間股市一路飆漲，加權指數從 14,902.03 上漲至 17,566.66。由於為股市天天有波動行情，我於是加碼玩權證，果然是波波都有獲利，玩得喜滋滋！從 1 月 4 日至 4 月 9 日期間，我買進十檔權證（1 月 4 日至 3 月 26 日），從第 1 檔至 9 檔權證全部獲利，只有一檔虧損，投勝率為 90%，而且比率從 3.40% 至 21.54%。另外 3 月 31 日至 4 月 9 日進場買的 2 檔權證，平均投勝率為 70% 以上。看著一波又一波的投勝率，哪怕只是 1%，都覺得很有成就感，這就是玩權證的樂趣，

2 檔高報酬獲利權證（2021 年 3 月 31 日至 4 月 9 日）

標的股	權證	交易日	交易別	股數	成交價（元）	金額（元）	損益金額（元）	投勝率（%）
迅得 6438	元大 715870	3/31	買	20,000	0.88	17,620	14,104	80.05
		4/6	賣	20,000	1.59	31,724		
聯成 1313	凱基 080140	4/7	買	10,000	0.96	9,620	6,741	70.07
		4/9	賣	10,000	1.64	16,361		
合計							20,845	76.52

製表人：彭儒迪

投資權證，獲利翻倍

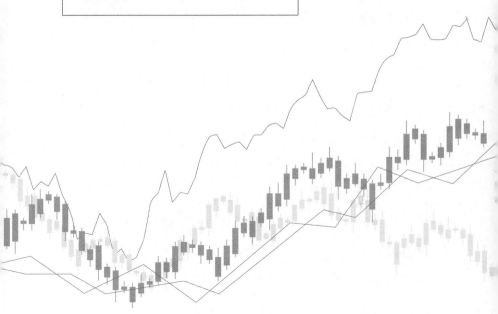

[Part 2]

權證專屬
獲利 4 方程式

打造專屬權證獲利方程式，翻倍獲利

我很重視投資工具的短、中、長期的獲例方程式。從商業角度來論，獲利方程式就是獲利途徑，也可以說是獲利模式，如果預先瞭解及規劃，整個商業模式就能設計出獲利的「價值主張」。投資工具要獲利的道理一樣，必須事先設計與商業經營一般的獲利方程式。每一種投資工具（股票、期貨、債券等）都有獨到獲利方程式，權證也不例外；只要先搞懂權證專屬獲利模式，追求長期獲利，得心應手翻倍賺的機會就會大增。

每一次與股票族朋友分享權證獲利方程式時，我觀察到原本還在觀望、猶豫的朋友，眼睛瞬間發亮，尤其是精打細算的股票族，會急著發問：「你說說看，權證獲利方程式有哪些？」他們非常在乎獲利方程式，有一位朋友坦言：「如果這是有感的獲利方程式，一定要進場玩出獲利名堂。」

個人是非常贊成玩權證的股票族必須搞懂權證獲利方程式。我玩權證的經驗是，瞭解愈透徹，投勝率、槓桿翻倍機會愈高，小錢玩出大名堂的機會也會大增。權證另有避險效果，有避開股市下跌風險。以下是匯集個人玩權證體會的4獲利方程式心得，供股票族參考，也希望玩權證玩出心得的股票族，與筆者交流專屬獲利方程式。

■ 方程式 1：權證賺得是個股走勢波動錢

　　有些對權證似懂非懂的股票族，在聽到我與他人聊起權證操作時，常會誤以為買權證與股票一樣，可以賺到股利。記得一次與一位好友見面討論權證，他帶了一個新朋友一起參與討論，新朋友聽得津津有味，突然間丟出一個「權證一樣賺股利嗎？」的疑問，「股票賺得是股票價差及股利，權證應該一樣有價差及股利吧！一

股可以賺多少股利？」這位新朋友問出了新手權友常犯下的迷思，將權證與股票獲利混為一談。

　　玩股票的人都知道獲利來源有差價及股利（股息），這是企業給付股東的資本報酬，但這位新朋友只說對了一半，權證交易賺得是價差，但不會賺到股利，因為權證玩的是一種權利，而不是公司股份，不會有任何股利。

波動幅度愈大，獲取高報酬愈高

　　權證賺得是個股漲或跌的波動，只要股票有波動，權證獲利機會就愈大，投資人賺取價差的機率就愈高。股票波動瞬息萬變，如何抓住波動，平常就需培養敏銳腦、敏銳眼、敏銳耳，領略個股波動起伏，什麼時機會出現波動？什麼時間要布局？哪一段時間是高峰？只要觀察入微，抓到權證標的股的波動，留意每一個會影響下一個交易日漲或跌的訊息、事件，掌握對的時機

（timing）進場權證操作，佐以迅速反應，就能獲取高報酬的「投機」利潤。

　　股市是買、賣、撮合的市場，很容易受到國際股市、政經局勢、題材行情、財務報告產生大小不一的震盪波動；只要股市有波動，依附（連結）的權證就會有連動，因而出現獲利空間。喜歡沖浪、觀浪的人都知道波浪有波動幅度，波峰是波形最高點，波谷是波形最低點，波峰到波谷的距離是波高，傳遞一個波長所需的時間週期稱為波動。認購權證獲利的關鍵點，只要抓住從波谷爬升的區間進場，在抵達波峰的中、高段出場，就能獲利了結。

掌握獲利波動 5 時機，就能狠賺

　　玩權證的獲利波動，有以下 5 時機，因為這個時機有無數個的波浪，一波又一波，而且頭高又高，抓準時機，提早布局，看準波勢進場，就可以讓小錢活起來，

成為一筆可觀大錢。相關5時機詳細說明，可參閱第195頁〈除權息日是好時機，股價波動劇烈有行情〉一文。

權證波動時機

	波動時機	內容
1	除權息前後	除權息是身為上市、上櫃股東最重要的投資報酬，每年都會有除權息行情，尤其是前後時段，股票常有漲或跌幅的波動，尤其是有做多的行情，所以要事先蒐集標的股除權息的行事曆，若要買認購權證要在除權息前兩日布局，前1日會太慢。
2	法人說明會（法說會）	顧名思義，法人說明會是上市、上櫃公司每季、每半年邀請具備投資專業、擁有投資決策的外資、投信及自營商的法人機構對產業前景發表未來營運的機會、危機、優勢、劣勢，通常法人的報告、說明，會牽動隔天股價，常有不小波動，宜事先蒐集各產業未來趨勢、法人說明會行事曆，認購權證者宜依據產業趨勢彈性布局。
3	營收或財報公布日	上市、上櫃公司每月需在10日前公布上個月財報，營收收關股票波動，無論亮麗或虧損，股價都會有所波動。
4	股東會	每年5月進入股東會召開旺盛期，同時是布局認購權證的獲利黃金時機，只要營運績效不錯的公司，股價通常都會有波動。
5	重大利多消息揭露	當類股或個股出現獲利訊息，例如接到大單、新廠揭幕、研發技術受到認證、重大研發成功等，股價常會出現波動震盪。

製表人：彭儒迪

投資權證，獲利翻倍

▌方程式 2：不只賺一次，是波波連動錢

　　權證賺的是波動錢，股票族玩權證一定要不時觀察股性活潑的標的股，同時要尋找個股波動時機點，賺取一波又一波的波動連動錢。存股族通常是保守族群，聽到「一波又一波的波動連動錢」，常常抓不著頭緒，「什麼是波動連動錢？又什麼是一波又一波？」

　　這時候我會用認購權證做解釋。當股票處於上升趨勢時，所連結標的股的波動漲幅不會只有一次而已，而是一波又一波、大小不同的波動漲幅錢；只要挑選的標的股在上升趨勢中出現震盪波動時，就會獲利。加上前市場上有 2 萬多檔權證，依附（連結）的標的股非常多，投資人只要找到上漲標的股做權證，就能參與波波連動錢的行情。

玩權證與玩衝浪雷同

通常我會用衝浪比喻，玩權證的投資人很像衝浪者，權證很像海浪。要玩得盡興，衝浪者一定要瞭解每一個衝浪地點，代表依附（連結）標的，而且要依據每一個衝浪地點特性展開追浪行動。有波動行情的個股，就像是熱門衝浪地點，只要尋找到對的波浪時機，就有機會一次又一次追著浪頭，享受追浪快感。

股票族玩權證並非只玩單一個股上升浪頭，就像衝浪者一樣，是要追逐浪頭。只要有浪頭升起，就是衝浪好時機，也是玩權證下單時機。累積一波又一波的衝浪經驗，等到漲波谷、波峰、波形後，就能瞭解哪一個標的股的波浪可以追逐，哪一檔權證有倍數的獲利空間，這就是一波又一波的波動連動錢的真義。只要掌握到追浪技巧，就可以縱橫權證市場，不斷嚐到低點買進，高點賣出的波段獲利果實。

投資權證，獲利翻倍

就像熱愛衝浪的衝浪者，不會只到一個地點玩衝浪，手中至少有2、30個以上可以盡興一遊的衝浪地點，而且會根據季節特性、波浪形態展開追浪。玩權證股票族也需具備這樣的追浪精神，除了不斷學習權證基本功，還必須瞭解每一檔權證形成的條件、波動起伏及最佳進出時機；更需累積一次又一次追浪的進場經驗，先累積一筆又一筆的小波浪投勝率，之後再串起大波浪的大筆獲利。

有利可圖就積極操作

　　我個人非常欣賞彼得・林區（Peter Lynch）的投資學，這位被《財星雜誌》（Fortune Magazine）喻為「投資界超級巨星」的專家，他的投資哲學中，有一項論點可以套用在權證交易上──「無論股票類型，只要有利可圖就積極操作」。所以他的手中長期握有的股票將近一千五百種。

有人問我，玩權證一樣要有這麼多檔權證？我的回答是：「是不需要擁有千張權證，不過基於權證特性使然，必須尋找有浪頭起伏的個股，而且要有積極展開追浪的決心，哪兒有浪可以玩，就要往哪兒去玩。不能像一部分玩股族死抱幾檔股票，默默等待有浪頭的行情」。

　　在玩權證的字典裡，沒有長抱及長等這回事，甚至要拋棄期待這件事。權證具有「賺波動錢」的特性。我常跟想要玩權證的股票族說，要玩權證就要玩遍所有具有波動行情的標的股，**如果股票族的性格裡沒有追逐浪頭，或是賺波動差價的特質，就不要玩權證。**

　　玩權證的股票族一定要瞭解，權證看起來與股票投資工具類似，實則是完全不同的兩者投資工具。進場前必須認識履約價、到期日、價內外程度、行使比例、實質槓桿、Delta 等等基本內容（見第 79 頁〈買權證必看基本資訊〉）。

有些股票族一聽到這些名稱，難免焦慮，問說為什麼要瞭解這些內容？「會海泳、浮潛，不代表會玩衝浪，既然要玩衝浪，就要對海浪形成、海灣背景有基本認識。」一個會玩衝浪的高手，一定會掌握波浪的波谷、波峰、波形，而且要從天候變化觀察是否有長浪，有沒有波濤洶湧的波動，或出現波浪動靜的端倪，才會備妥裝備前往追浪。玩權證也有學會觀察浪形波動的基本指標，只要看懂上揚盤勢，掌握進場、出場時機，同時嚴守停損、停利投資紀律，賺到波動連動錢的機會非常大。這也是權證獲利的本質，因為股市波動不斷，只要掌握波動，一次一次的短線進出，就能逐步累積成為大錢。

　　玩權證最高的藝術境界，就是能夠抓到行情開始發動的那一瞬間，或是漲勢起步前的買進時機，等到第二天行情漲到最高點時賣出獲利了結。這種抓到波浪躍升的翻倍獲利，絕對會讓股票族很有感。所以股票族必須具有觀察精神，學習掌握跌勢進場，漲勢賣出的技巧。

■ 方程式 3：短波段操作獲利收場

「什麼是波動？什麼是波勢？」股票族一定懂，如果無感，代表你敏銳度不高，很容易下錯單、賠掉成本，並不適合玩權證，比較適合股票、基金。波動是方向，波勢是時機，弄懂其中的訣竅以後，再來就是尋求進場時機點及研判何時出場。

有高波動就要進場玩權證

「波動及波勢千變萬化，如何看得清、看得分明？」有些股票族朋友受到我的「權證波浪說」啓發，開始對權證產生興趣，會提出怎麼看波動及波勢？我的建議總是「要做功課研究」。玩衝浪，一定要細觀海浪起伏，在不同的季節、風向及時間觀浪，就可以感受波動的起伏。股票波動也是如此，有些股票的波動很低，屬於風平浪靜的低波動，沒有太大起伏，也看不到波勢；

有些股票的波動很高，屬於波濤洶湧的高波動，一個波浪升起後，逐漸退去，接著追著浪頭繼續升高。

　　玩權證就是要找到有高波動的標的股，領略波動起伏的規律性，哪一段是浪花升起的低波動？哪一段是中波動及高波動？哪一段是下波段？低、中波動是進場最佳時機，此時正是波勢升起階段，等到波浪到達高點波峰或往下波趨勢走時，就是賣出時機。一進一出的時間，完全是短天數的操作，不做長天數的等待；通常都是今天買，隔天賣的隔日沖，或今天買，兩、三天後賣的小波段操作。

　　股票市場千變萬化，波動隨時在變，而且潛伏各種難以想像及理解的風險，所以玩權證的股票族新手下單以前，必須培養敏銳腦、敏銳眼、敏銳耳，用心觀察及預測未來走勢；而且要使用技術分析預估標的股波動醞釀、爬升、高峰及下滑時機。只要在波動很大的爬升、高峰波勢「中間段」賣出，再配合高槓桿，就能擴大效

益，獲取高報酬。

短波段操作獲利就收場

　　為什麼會提出「看到波勢再進場，短波段操作獲利就收場」的建議？這是提醒。因為波勢曲線通常是在收盤後才看得清，交易數字不斷跳動時，一般人無法預測是不是有上揚走勢，不是太早進場，就是太晚出手，錯失不少良機。由於波勢走向常不是投資人可以預期，所以要進場玩權證的股票族，必須學會走勢判斷，進場後更關注盤勢走向，不得懈怠，就會獲利滿滿。

　　我個人操作的是隔日沖。依據操作經驗，隔日沖風險比較低，只要發現波勢上升，就會先做功課；從技術指標判斷是否是上升趨勢，如果走勢明確，就會今天買，明天賣。在最初玩權證時，我都會採取中波段操作，常會留倉兩個星期，甚至到兩個月之間；但是波浪曲折，常讓我抓不著要領，雖有投勝率，但是投負率也不低。

後來發現隔日沖的風險低，投勝率又高，所以鎖定隔日沖的操作策略，果然奏效。

▌ 方程式4：價格轉弱就出場，少輸為贏

　　玩權證一定要設停利、停損點。權證賺得是波動價差，變化較高，風險相對比存股為高，為了降低風險，必須徹底執行停利、停損。此外，權證的波動度很敏感，不能有放「攤平」感情，只要出現價格轉弱，就要快速出場。若轉入上揚趨勢，一定會有報酬，有賺就要賣出；價格轉弱至低點，不再繼續下滑時，仍可以再進場買進，等待下一個上升波浪後再賣出。

玩權證要甩掉攤平策略

　　股票族不陌生逢低加碼攤平策略，但玩權證絕不能

有這個想法，也不要執行，尤其是標的股已呈下降趨勢，甚至是深度價外的權證，更不能執意採取攤平策略，鐵定會嚐到愈攤愈平的苦果。

有一位股票老手進場操作權證，已經知道玩權證不要隨意使用攤平策略，不過仍然敵不過心態使然，還是會使用逢低攤平策略，結果慘遭打臉。下單後 30 分鐘，權證價格從 1.10 元，直接滑落到 0.9 元，以為逢低加碼搶到低點，趕緊下單攤平；後來一路大跌七天，雖然止跌了，可是又有一段盤整期。權證時間價值流失速度相當快，幸而價格重新站回 1.10 元全部賣出，成本沒有虧損，但已讓他難受良久，如果沒有攤平，改買其他有波動的權證，絕對有獲利。

決定是否攤平是有條件，不適合多做。如果標的股技術線型仍是多頭走勢，挑選的認購權證是長天期，利用攤平獲利，是有勝算；如果遇到標的股跌破季線，行情反彈無力，愈攤會愈貧窮。攤平是股票重要的投資策

略，但是不適合權證操作，切記！切記！

玩權證就是買了之後，就要賣掉

新手權友玩權證一定要丟掉不賣不賠觀念，嚴守獲利 10-15% 就要出場紀律。價格轉弱、停止不動時，就必須謹守出場的紀律，因為弱者續弱，看錯就要馬上出場，才能累積無數個波動帶來的財富。要玩權證必須謹守紀律，而且要隨時看盤、關心產業動態，保持市場的高敏銳度。

[Part 3]

股票族輕鬆狠賺，
從搞懂權證特性做起

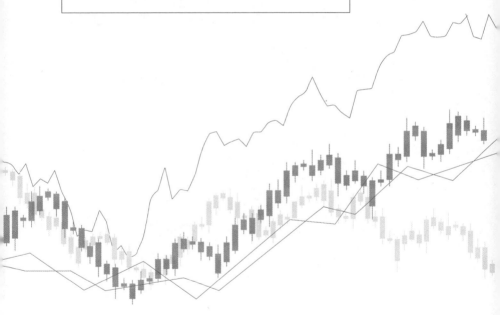

■ 怎麼看權證商品？

　　有回與同事一塊吃午餐，大夥看著手機螢幕上的盤勢，相互討論熱烈，鄰座用餐的男、女客人，很感興趣加入話題：「你們也在玩股票？報一下，哪一支最近可以買？」同事回說：「最近我們在玩權證。」男客人接話：「有聽過權證，買賣有點複雜，好像是用小錢也可以買到股王的股票。」女客人狐疑問說：「這是什麼？怎麼沒聽過？跟股票不同嗎？」

　　隨意吃個午餐，不禁聊起股票、權證的投資，不認識的人都可以聊出投資經驗，顯見股市獲利具有磁鐵效應，只要有錢賺，就會引起熱烈討論。依據我的投資經驗，對賺錢有興趣，對於股票操作也不陌生的人，多半的人都有熱衷打聽明牌股的習慣，只要聊起股票，就會打聽哪幾檔是有行情波動的明牌熱股；至於權證投資，在財經媒體、網路頻道、雜誌、券商、書籍的宣導下，

投資權證，獲利翻倍

雖然已經吸引不少投資人的關注及進場交易，但是還未到全民運動地步，討論度仍有廣大空間。

　　良心建議！股票族玩權證的目的是要賺**以小搏大、槓桿倍數的利益，累積大財富**，但不會有買一檔就大賺一票，然後幾 10 萬元入袋的情況，甚至有長期持有的誤解。所以股票族要玩權證之先，必須瞭解權證特性，千萬不要帶著投資股票的心態貿然投資，以免白白損失「虧大了」。

　　投資人必須瞭解，玩權證，所行使的是一種權利，**而非實質擁有投資標的**。首先，股票族必須瞭解，投資權證有以下三種權利：

1. 有投入一筆小額權利金（千元以上）購買標的（依附或連結股票、指數、ETF）的權利。

2. 有權利在約定的「到期日」之前，以約定價格（稱

為履約價）買進／賣出「標的股權利」。

3. 投資人擁有在標的價格上漲／下跌（視個人決定的波動方向）的期間，將持有權利賣掉，賺取差價利潤。

▌權證是衍生性金融性商品

玩權證要看身分證？每當說出「權證身分證」時，不少新手會露出疑惑表情，幹嘛要看身分證？「不是要看個人身分證，是要看清權證身分證。」為什麼要強調看清權證身分證？因為權證有不同類型、有買多或買空、有國內或國外，必須明辨是哪一類型權證，避免買錯了。

權證證型各式各樣，有不少名稱，基本型、上下限

型、重設型，又有牛權證、熊權證、國內權證、國外權證，又有認購、認售，常讓新手眼花撩亂，「怎麼會有這麼多不同型態的權證？怎挑選，怎麼玩啊！」權證是衍生性金融商品，有發行條件的證券商會發行各種商品滿足及吸引投資人進場，儘管權證琳琅滿目，每檔權證都有各自型式、代號，這些型式、代號就是權證身分證，挑選及購買時，一定要辨認清楚每一檔權證身分證，確定後再下單。

股票族玩權證聚焦兩大策略

股票族玩權證要如何進行操作，我常做的建議是採「聚焦」策略，其中有兩個重點。

專注：只專注國內標的權證，不做國外權證。專注才會有機會讓小錢活起來，擁有財富。僅挑選國內權證投資，至於其他的國外權證、牛權證、熊權證、上下限型、重設型有一個基本瞭解就可以，不要投入。

集中：只做認購權證，不做認售權證。玩權證，認購、認售都可以購買，但是股性千變萬化，股票族新手權證投資人尚不熟悉股性及權證之間相互影響的權證，所以我一定建議只做認購權證。畢竟股市具有追漲不追跌的特性，跟隨上揚趨勢買權證，小錢活起來勝算機率高，玩起來也比較順心、順手。

認購是看多股票，認為未來該檔標的（股票、指數）會有上漲趨勢，可以購買認購權證。至於認售是看空股票，認為未來該檔標的（股票、指數）會有下跌趨勢，可以購買認購權證，股價上漲，認購權證跟著會上漲；看空股票，可以買認售權證，當股價下跌，認售權證會上漲。但對新手權友來說，唯有專注、集中在國內認購權證，小錢活起來的機會比較有勝算。

股票族玩權證有兩大重點，一是國內權證，一是認購權證，挑選時必須看懂哪一支權證的身分證是「國內＋認購」權證。

目前所有權證編碼都是由「數字」、「英文字」組合而成，只是各類型權證會有不同的數字及英文字代碼，必須仔細辨認身分證代碼，才能快速找到「國內＋認購」的權證，避免買到不是你要操作的權證。

挑選 6 位數字權證就對了

「國內＋認購」權證的身分證代碼是 6 位數字，如080001，台灣證券交易所規定，目前國內認購權證編號從 030001 至 089999，所以新手權證投資者，需學習看懂「國內＋認購」權證身分證，6 個數字的權證才是你要細看及研究的權證。

若發現代碼中的數字只有 5 位，尾碼還有一個英文字，可能是 P、F、Q、C、B、X、Y，請置之不理。而且不要放在自選權證欄位中，因為每一個英文代碼都是不同權證的類別，包含國外權證、牛權證、熊權證等；但玩權證的股票族一定要瞭解，初嚐權證獲利階段，先

不要花太多時間瞭解，等到玩出心得後，再深入瞭解也
不遲。

■ 權證跟誰連結？

　　長年進出投資市場的人，無論是長期存股族、短
線為主的當沖族，聊起股票、期貨、債券，多半人都有
獨到心得及投資節奏，話匣子一打開，討論熱烈。有人
注重技術面，認為只要掌握個股 K 線、均線、KD 值、
MACD、布林軌道圖形，就能夠預測及掌握下一步盤
勢，無論看多、看空，都可以從趨勢中獲利；有人重視
籌碼面，留意法人及自營商張數進出，以及個股最新題
材，很容易掌握進出點的時機，賺取倍數獲利。

　　不過沒有投資權證經驗的人，就算是股市老手，可
能也不會完全瞭解該怎麼投資權證，甚至誤以為權證跟

投資權證，獲利翻倍

股票一樣，是由企業發行。不過經由說明，瞭解權證必須有一個依附（連結）標的，先要挑選及鎖定標的，再從各家證券商所發行的數十或百檔標的商品權證中找出適當的權證，他們才恍然大悟：「原來權證不難，認購是看多，連結標的上漲，權證也會上漲然後獲利，認售是看空，連結標的下跌，權證賣出後就獲利。」

但對權證不熟悉的股票族，對於依附（連結）標的卻很陌生，常會問權證是跟誰連結？

權證需要以固定現貨金融商品做連結

權證是衍生性金融商品，從基礎金融市場衍生出來的一種商品，需有固定現貨金融商品做依附（連結），投資人才能在特定時間，用一筆錢（權利金），約定一個特定時間，以特定價格（履約價）與依附（連結）的金融商品進行交易。

依附概念似乎很抽象，有一次權證新手突然間靈光乍現問說：「依附是不是有點像蘭花的生長，會依附在樹上，根部會緊緊貼在樹幹上，用氣根吸收空氣水分。」果然是靈光的比喻，權證的確需依附在有如樹幹的現貨金融商品上。

　　權證連結的金融商品有國內各股股票、ETF、指數（比方台灣加權指數、電子指數、金融指數等指數），每一家證券商都可以發行依附（連結）標的的權證，可供權證投資人選擇。

　　無論是上市或上櫃股票，符合發行權證條件的證券商都可以向「證券櫃檯買賣中心」提出申請，經審查通過後，會再由證交所及櫃買中心做每季公告。所以每年的 1 月初、4 月初、7 月初、10 月初，就會有新的權證商品推陳出新在權證市場上。

投資權證，獲利翻倍

權證連結股票關鍵點：市值高、流動性佳、不虧錢

股票型權證：與單一個股股價連結的權證，權證價格變化受到股票波動影響。

無論國內上櫃、上市的各股股票，都有可能是權證依附標的，但仍需經過證券交易所與櫃買中心審核關卡，市值高、流動性佳、不虧錢（財報無虧損）的公司，才能成為發行權證的連結股票。另外證券商也可以外國證券或指數為標的發行海外標的權證，同樣也需金管會審定。

指數型權證：與指數（ETF、台灣加權指數、電子指數、金融指數等）連結的權證，權證價格變化受到指數波動影響。

ETF 是指數股票型證券投資信託基金，很多人形容 ETF 是高級水果籃、蔬菜籃，裡面盛裝的是市值

高、流動性佳、年年賺錢的優質股票。台灣最富盛名的ETF是元大寶來台灣卓越50基金，又稱台灣50。另外還有科技業、金融業、高股息的ETF，只要是市值高、流動性佳、賺錢的ETF，也會有成為發行權證的連結ETF。

依附（連結）指數的道理一樣，只要是市值高、流動性佳、賺錢的各檔指數（如台灣加權指數、電子指數、金融指數等），都會成為發行權證的依附（連結）指數。

但從權利獲利倍數的觀點，我的建議是，**股票族開始玩權證時，專做股票依附（連結）的權證**，等到已經有了投資手感及節奏後，再連結ETF及指數都來得及。**本書所談的權證，均為股票（連結）權證，不涉及指數權證**。

值得注意的是，**權證是由證券商所發行**，並不是每

投資權證，獲利翻倍

一檔股票都有權證。首先，我們可以先到公開資訊觀測站，輸入股票代碼，即可有相關權證的商品資訊。再次說明，權證是由證券商所發行，也不是每一檔股票都會有權證。

■ 必懂權證 6 大特性

權證與股票關聯性很大，卻是不同於股票的投資工具，股票族玩權證之前，一定要瞭解權證 6 大基本特性再下場，才能讓每一筆投資發揮到最大獲利效應，加總每次權證投資的獲利成效，就會累積成為一筆可觀的金額，讓加倍獲例有感。

特性 1：權證是衍生性金融商品，投資人不是股東

權證不是某一個公司發行的投資工具，也不是公司

股東，而是依附（連結）股票或投資標的物的契約型衍生性金融商品。

特性 2：權證是行使買或賣的權利，沒有股息、紅利

股票是企業股份公司爲了籌募資金而發行給股東的一種持股憑證，是一種有價證券。投資人必須瞭解，擁有股票，就是該公司的股東，有資格取得該企業發放的股息、紅利；權證是一種行使買或賣的權利，不是該公司股東，無法取得股息、紅利，只能作爲買進 / 賣出的一種有價證券憑證。

特性 3：權證發行人是證券商，非企業或公司

股票發行人是企業股份公司，是爲籌募資金給予股東的憑證；權證發行人則是證券商，需經主管機關金管會核准公開發行。

投資權證，獲利翻倍

值得注意的是，**權證是由證券商所發行**，並不是每一檔股票都有權證，投入之前，我們可以先到公開資訊觀測站輸入股票代碼，即可搜尋到相關權證的商品資訊。目前相關股票資訊網站，如「Yahoo！奇摩股市」，只要搜尋各股走勢圖，就可以查詢到相關權證資訊，如果沒有任何一檔權證名稱，就代表證券商沒有發行。

特性 4：權證沒有長抱本錢，壽命三位數字以下

　　股票是公開發行的有價證券，買進至賣出之間，不會有任何時間損失，買進後可以長期擁有；但是**權證買進後不能抱著不動**，因為有時間期限，很像 VIP 卡，有一個期限，短則 3 個月，長則 180 天、270 天。購買時，必須檢查到期日的時間。由於新手投資人尚未培養投資權證手感，不要挑選距離到期日太短的權證，宜選擇 90-120 日的權證。

特性 5：權證短期投資工具，無法放長線釣大魚

權證有時間風險，不是長期投資工具，適合短期進出操作，更要丟掉不賣不賠觀念。只要買了**權證，就要短線賣出，不要長期擁有，2、3 天就要賣，不要抱太久。**

特性 6：權證漲跌是跟隨依附（連結）標的決定

權證依附的標的是股票、指數，如果上揚，會跟著上揚，下跌時也會跟著下跌，只是漲、跌幅各有不一，不盡相同，所以買賣交易時，一定要看股價漲跌幅。

▌權證不是股票，長得是這樣

「股票有憑證，以前是紙本，現在是電子憑證，詳

　　　投資權證，獲利翻倍

071905	03784P
緯穎元富 05 購	貿聯元富 06 售
02（認購）	01（認售）
連結標的：緯穎	連結標的：貿聯 -KY
履約價：750.00	履約價：200.00
到期：2021/05/17	到期：2021/06/02

權證

細記載所有規範內容，權證一樣是這樣嗎？」投入權證
市場玩權證，當然要知道權證長得什麼樣。常與三、五
位股票族聊起權證賺錢，沒玩過的人覺得比股票獲利來
得有感，看得出他們的眼睛會發亮，很想下場投資；只
是沒有看過權證的樣貌，仍然會露出沒有信心的臉龐及
眼神，有些人還會說出酸話：「壓根兒沒看過權證的模
樣，到底要怎麼買？」

　　有心投入權證市場進行買賣，當然要知道權證的面

貌。我會請他們鍵入相關權證網站，任何一家有發行權證的證券商都會建置自家權證網，以「元富權證網」為例，進入首頁，就可以看到權證的基本樣貌，包含 6 位數字代碼（或 5 位數字代碼及 1 個英文字 P）、股票名稱＋認購（或認售）、到期日。

要查閱權證細項，只要點入「進階搜尋」，就可以看到權證完整面貌，包含權證名稱、標的（股票或指數）價格、履約價、行使比例、價內外程度、上市日、到期日、剩餘天數等，所有權證相關訊息都會列在裡面，其中最重要的資訊如下，購買前一定要確認清楚：

買權證必看基本資訊

買權證要先選好依附（連結）標的標的股，例如：聯詠（3034）最近有上升趨勢，就可以挑選認購權證賺倍數價差獲利。但是挑選之前，一定要看懂權證資訊，我將權證資訊分為基本、獲利兩種資訊，基本資訊包含

權證細目

068231 聯詠元富 07 購 04 3034 聯詠

類別	認購	流通在外	0.90%
履約價	300.00	最新發行	1,000 張
價內 / 外	108.00% 內	發行日	2020/07/23
行使比例	0.016	上市日	2020/07/27
買價隱波	68.48%	最後交易	2021/07/22
賣價隱波	103.37%	到期日	2021/07/26
HV20	37.68%	剩餘天數	88 天
買賣價差	1.92%	有效槓桿	1.77
Delta	0.0149	Theta	-0.0068
Vega	0.0064	Theta%	-0.13%

製表人：彭儒迪

權證發行券商、權證種類、權證類型、履約價、行使比例、價內外程度、上市日、到期日、剩餘天數。挑選權證時，必先看懂基本資訊，確定是否符合個人心中所要的權證。獲利資訊包含實質槓桿、買 / 賣價波動率、

Delta、Gamma、Vega，是挑選有獲利權證的重要資訊。

1. **權證發行券商**：「元富」就是發行券商，顯示這檔聯詠（3034）權證是由元富券商發行。目前發行券商有非常多家，常見有元大、凱基、兆豐、國泰、第一、永豐、群益等，可至各個券商的權證網蒐尋各檔權證。

2. **權證種類**：權證有看多及看空兩種，看多是認購權證，以六個阿拉伯數字為代碼，編號自030001-089999；看空是認售權證，組合是前五碼為五個阿拉伯數字，後面一碼是英文數字 P，只要看到有英文 P 的代碼，就是認售權證，編號自 03001P-08999P。通常我會建議股票族開始玩權證時，以投資認購權證為主，等到已經熟稔獲利方程式之後，再投資認售權證。記得！認購全部是阿拉伯數字，認售則有一個 P 字，下單前要看清楚。

投資權證，獲利翻倍

3. 權證類型：依照到期日需要履約的規定，權證有分歐式、美式，到期日履約的是歐式，可以提前履約的是美式。但是購買權證的投資人很少會實際履約，所以無論是歐式或美式，沒有實質影響。

4. 履約價：這是投資人與發行商約定買進或賣出標的價格，在權證發行前，證券商已先行預測未來價格會漲或跌的價格。通常證券商會依 15-20% 幅度制定權證履約價，從履約價可以計算出權證價格是在哪一個位階。

5. 行使比例：權證是依附（連結）股票等標的衍生性金融商品，到底一張權證可以換取標的多少比率？透過行使比率可以看出換取比率，假設權證行使比率爲 1 比 0.03，代表 1 股權證可換 0.03 股標的股票，也就是 1,000 股的權證可認購 30 股的股票。不過購買權證目的是賺取股價波動價

差，通常不會有實際履約動作，所以行使比例對投資人來說，並沒有太大意義。

6. **價內外程度**：指該檔權證與連結標的股實際價格的差距幅度，透過價內外程度的計算，可以讓投資人瞭解該檔權證履約價與目前現股價格比較之下，兩者的價格幅度的差距究竟是很小，還是很大？履約價格高於股票現價，差距很大，就是價外；履約價格低於股票現價，差距很小，就是價內；若兩個價格差不多，就是價平。對玩權證的新手說，價內外程度會影響投資報酬率，所以價內外程度不能差距過大。標的股現股價格愈接近履約價，屬於價內程度，權證波幅會愈大，權證就愈有價值；距離履約價愈遠，屬於價外程度，權證波幅就會愈小，權證就愈沒有價值。

認識認購權證的價內、價外、價平

價內	權證履約價＜連結標的股實際價格
價外	權證履約價＞連結標的股實際價格
價平	權證履約價＝連結標的股實際價格

　　目前每一檔權證都會標明該檔權證的價內外程度，如果標明是「4% 價外」，代表履約價格高於股票現價，通常 25% – 25% 的價內外程度，都是可接受的範圍。但是＞25% 屬於深度價內，或＞-25% 屬於深度價外權證，不建議進場操作，已沒有權證價值，無緣獲利，一定要趕緊出場。

7. 上市日、到期日、剩餘天數：權證沒有長抱本錢，從開始發行，天數就開始倒數，距離到期日愈近的權證，希望的履約價有可能無法到達。所以每一筆權證都會標出上市日、到期日、什麼時候會到期的剩餘天數。我操作權證，會以選擇 90 天

到 180 天的權證爲主，較不會受到隨著時間減縮而影響權證獲利價值。

攸關權證獲利重要資訊

1. 實質槓桿：當依附（連結）標的價格變動時，權證價格會變動多少的百分比？實質槓桿的數字爲「+」以上，代表股票及權證價格都會上漲；若爲「-」以下，代表股票及權證價格都會下跌。

實質槓桿代表的意義是數字愈大，獲利或風險愈大。不過實質槓桿的比值是多少，端視個人的風險接受程度，有些人認槓桿愈大，權證就愈好；相對地高報酬多伴隨著高風險，還是得依照個人對於標的股走勢研判及對於投勝率的比例衡量，而非單純的愈大愈好。

★實質槓桿範例

實質槓桿 1，股價上漲 5%，權證上漲 5%；

股價下跌 5%，權證下跌 5%，公式是（5%
實質槓桿 1 = 5%）。

實質槓桿是 5，股價上漲 5%，權證上漲
25%；股價下跌 5%，權證下跌 25%，公式是
（5% × 實質槓桿 5 = 25%）。

實質槓桿公式如下：成本槓桿倍數 × Delta
（避險比率）= 實質槓桿

每家券商權證網站會提供實質槓桿計算，可
以依網站指示輸入數字計算。

2. 買 / 賣價波動率：這是該檔標的（股票或指數）
未來買 / 賣價波動的比率。通常券商會提供買價
波動率、賣價波動率、一個歷史波動率、三個歷
史波動率、六個歷史波動率，可依個人需求查
閱。

3. Delta：觀察標的股與權證價格連動敏感程度的

重要參數指標。當標的股票價格每上漲一元，權證價格會變動多少元的數值。從 Delta 值的大小，可以觀察出連動關係的程度，會變動的值愈高，漲幅愈高。譬如，連結國巨的認購權證委買現價是 1.10 元、Delta 值為 0.04，代表目前國巨上漲一元，此檔認購權證約會上漲 0.04 元到 1.14 元。

Delta 數值會隨著權證條件變化而產生變動，此股價來到預期履約價進入價內，Delta 值會持續上升，最大值是 1、最小值是 0。認購權證 Delta 值是正值，負值會發生在認售權證上；當股價下跌時，認售權證會反向連動而上漲；如果要買認售權證，要看連動的反向。

4. Theta：權證是有上市日、到期日的存續期間，從買進的那天開始，權證時間價值就會開始流失。Theta 值是指權證剩餘天數每減少一天，權證價格會遞減多少元的數值。Theta 值一定是負值，隨著到期日的接近時間，數值會逐漸變大，

愈接近到期日的權證，付出的時間成本會愈高。尤其是價平權證的 Theta 值的變化程度愈明顯，速度會增快。投資人挑選權證時，以負值較小為宜。譬如：今天是 2021 年 5 月 10 日（一），某一檔權證 Theta 值是 -0.01、委買現價是 1.03 元，當下的股票價格是 110 元，代表當 2021 年 5 月 11 日（二）時，股票價格依然是 110 元不變。不過此檔權證委買的價格會下跌 0.01 變為 1.02 元。

Theta 數值會隨著權證條件變化而變動，譬如剩餘天數 120 天的權證，連結股票價格是 110 元，當下的 Theta 值是 -0.01，60 天過去，剩餘天數變成 60 天，連結股票價格依然是 110 元，則 Theta 值可能變成 -0.02，而持有權證的每一天的成本就會變高。

股票族新權友一定要知道，持有權證的每一天，需付出 Theta 值時間價值，不過長天期權證的數值經常是

2、3 天後才會掉。所以會建議購買權證前，要做好功課再下單，短進短出才是王道。

5. Gamma：Delta 值是標的股每漲一元，權證價格會漲幾元的數值；Gamma 是標的股每漲一元，Delta 會漲幾點的比率。Delta 可以說是權證價格漲跌的速度，Gamma 值可以看出權證價格漲跌的加速度。

6. Vega：是權證價格對波動率的敏感程度，尤其是長天期的波動最為明顯。

一定要看懂權證發行條件的意義

項目	內容	意義	特性
權證簡稱	××券商 03	由××券商發行的權證	基本資訊
依附（連結）標的	××股份有限公司	是指權證價格與 公司價格連動	基本資訊
權證類別	認購	是指依附（連結）標的價格往看漲（看多）的趨勢	基本資訊
履約價	××元	投資者願意以××元買進××公司股票	基本資訊
存續期間	自上市買賣日（含）起 6 個月	權證的有效期間 6 個月	基本資訊
到期日	××/××/××	權證價格的結算日	基本資訊
剩餘天數	××天	從現在開始計算到有效截止日，權證還剩下的有效天數	基本資訊
發行價格	每單位 1.98 元	買 1 張（1,000 股）權證需 1,980 元	基本資訊
發行數量	10,000,000 單位	發行 10,000 張權證	獲利資訊
行使比例	1：0.05	代表 1,000 股權證可認購 50 股股票	獲利資訊
Delta	認購權證 Delta 數值介於 0 至 1 之間	Delta 大的認購權證，漲幅會比較大	獲利資訊
Theta	計算時間價值的數值	Theta 為負值，隨時間愈接近到期日值愈大，權證價格會被縮減很多	獲利資訊
Gamma	標的股每漲一元，Delta 會漲幾點的比率值	Gamma 數值可以看出權證價格漲跌的加速度。	獲利資訊
Vega	權證價格對波動率的敏感程度	長天期的波動最為明顯	獲利資訊

製表人：彭儒迪

[Part 4]

追求高投勝率
權證必做 4 事

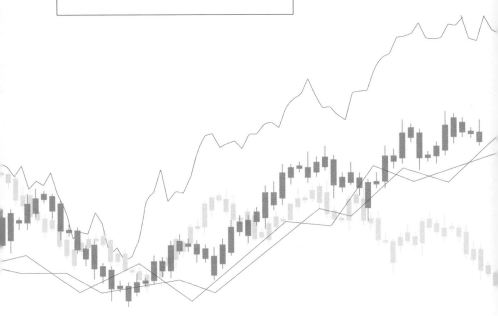

■ 追求高投勝率高投報率非難事

　　權證是一種投入小錢就可以參與現股行情的投資工具。只是小錢是多少？每個人對小錢的感受不同。有人覺得 1 千元是小錢，有人覺得是十萬元是小錢，但投資權證的小錢確實是 1 千元。

　　每當我提起「1 千元可以玩權證」時，沒有參與過權證的股票族半信半疑：「怎麼可能， 1 千元就能買到台積電權證？」這就是權證魅力。

　　用身邊小錢投資，一樣有高投勝率，有時甚至是百分百投勝率。不過任何投資工具都有風險，我不勉其煩一定要說明權證一樣有虧損風險，沒有穩賺這回事，但是投以專注力，要做到高投勝率並非難事。

　　小錢到底是多少，每一位股票族心中都自有盤算，

只是究竟是要投入 1 千元、5 千元、1 萬元或 5 萬元、10 萬元，從我玩權證的經驗，「小錢是自己心裡可以承受的金額，如果心臟不夠強，千元是基本投入金額，如果手上有 5、10 萬元可以投入權證，最多可以忍受波動 10%，只願意賠 5 千元、1 萬元，那麼投資 5 千元、1 萬元，最壞就是全部歸零」。所以無論是 1、2 千元，還是 5 千元、1 萬元，只要願意投入，學習如何**翻倍賺漲技巧**，都值得讚許。

對於有意願投入權證的股票族來說，尚未培養投資節奏感之前，記住！**投入金額一定要小，獲利目標也不能貪多**，就像玩衝浪的新手一樣，必須一步一步來，需先在岸上學會划水、上板基本功，再到海水中學習轉板、上板等技巧，經過不斷練習後，才有駕馭海浪本事。玩權證也是一樣，需從一步一步的節奏感做起，切莫慌張，亂了整個投資步調。

■ 獲利目標要清楚，不要跟著別人喊

　　投入 1 千元就可以買到權證，究竟可以獲利多少？股票族玩權證新權友常會問類似到底賺多少的問題。這個問題非常實際。不過每一檔權證的獲利及倍數有很大差異性，通常我不會直接回答，反而會問他們最近有沒有用錢的目標。不是買房子、買車子的大目標，而是比較容易取得的小目標，例如最近要換一支 10,000 元的耳機、買一台 20,000 元的手機、買一雙限量球鞋 5,000 元，這是從自身出發的獲利目標，比較精確無誤。

　　訂定獲利目標是進入權證很重要的門檻，可以幫助自己進場操作時的判斷，因為方向清楚，比較容易計算要分幾次進場？平均獲利多少？如果投資金是 5,000 元，可以分批 3 次投入，一次平均 1,666 元。根據我操作經驗，利用二個星期，分三次進場，獲利機會比較高。

投資權證，獲利翻倍

▌不貪多，一塊一塊拼圖到位

　　獲利目標已經設定好了，為什麼投入資金還要要分三次，難道不能一次投入，快速抵達目標？我一定會對正在累積權證手感的股票族玩權證新權友說明，權證投資的核心價值是「善用每一筆投入的資金，最初玩權證時，是要用小錢累積玩權證的手感」。我認為手感很重要，培養出手感、手法及投資節奏，看得準個股的浪頭方向、型態，當然就可以一次投入；但仍在學習階段的新手，一定要謹守「不貪多」心態。要像玩拼圖一樣，一塊一塊將圖拼接起來，權證獲利也是如此，善用每筆小錢，最後就會完成獲利目標。

　　雖然權證槓桿倍數 3-15 倍估算，股票漲個 5％，權證有機會上漲 15％ 至 75％；但權證賺得是波動行情，每一次的波動不一定都有浪頭可以追逐，所以不是一次就可以完成獲利目標。如果用玩拼圖心態，反而可以用

分批投入方式下場。每一次下場前都是做好研判、分析個股走勢，瞭解價格波動；發現有新的浪頭準備升起時再下場，雖然漲勢不到 15%，但是不貪多的操作技巧，還是會賺到先前的獲利目標。我認為「不貪多，百分比數小，但賺得穩、投勝率高」，是股票族玩權證的核心價值，而不是念茲在茲，一次就要賺超出預期的倍數獲利。

▌用接龍布局，培養權證獲利節奏

接龍是撲克牌的一種玩法，輪到自己出牌時，需要算牌，一方面是要計算自己還有幾張牌可以接下去；另一方面則是要算計哪一張牌會讓自己勝券在握，所以每一張牌都出得小心翼翼，謹慎考量。

股票族玩權證新權友該怎麼玩出權證奧妙之處？常

投資權證，獲利翻倍

常因為基本功尚不夠紮實，沒有掌握順暢的手感節奏，心慌意亂之下，會攪亂投資布局；於是有「拼圖說」、「接龍說」。我希望用大家熟悉的拼圖及接龍遊戲說明什麼是權證布局，目的就是讓開始下場玩權證的股票族有基本投資配置，不要將可以投入的資金一次玩完，也不要心急錯判獲利目標可以一次到位。玩拼圖、玩接龍是需要琢磨心思的遊戲，投資權證也是如此；分次進場，熟悉投資規則，養成投資節奏，就會愈玩愈順，所投入的資金才會愈來愈活，累積成一筆大財富。

一位玩股票多年的好友，看到我製作的權證投資財報，心癢，手也癢，他進出股市一陣子，從來沒玩過權證，對於高投勝率很感興趣，急於進場；但他的個性比較急躁，我勸說玩權證比的是耐性，需先研究個股盤勢、權證價內外程度、實質槓桿、行使比例、Delta 等參數，看到有波動再進場，而且要遵守紀律。結果他只聽懂皮毛，沒有好好研究盤勢，就一次下單，而且胡亂買一通，不是買到低於履約價，就是快要到期，還常用股票常用

的攤平策略。等我知道他胡亂買下幾檔權證時，已經來不及調整，投資成本幾乎腰減一半。

當時我只是分享而已，沒想到朋友動作太快，尚未完全瞭解權證怎麼玩，就冒然投入。自此之後，我一定會呼籲股票族朋友，權證是一種可以翻倍賺的投資工具，但不能急，太急躁是會弄破碗，還是得穩紮穩打，才能品嚐到翻倍漲的甜滋味。

[Part 5]

權證獲利翻倍技巧，
嚴選標的股票是關鍵

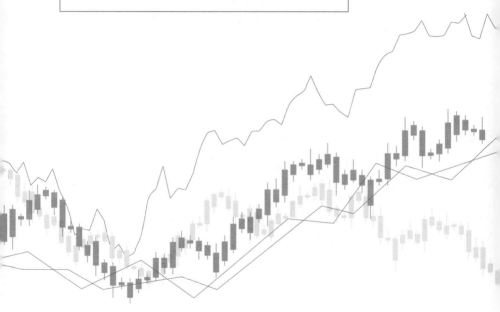

▉ 挑選有波動行情的標的股

　　對賺錢很有興趣的人比比皆是，只要嗅到賺錢機會就會興致勃勃。曾經對一位老朋友聊過兩、三次投資權證翻倍賺的心得，他興致很高，急著說也要投資，請我報哪幾檔權證可以買？這是玩權證股票族常有的迷思，以為不先行研究權證功課，就可以買幾檔權證，接著靠著短線操作賺到錢。

　　其實權證要翻倍賺，必須要先做功課，而且要有步驟，熟稔所有步驟後，玩權證才會游刃有餘。就像玩衝浪一樣，不是看到浪頭就要追，而是要先懂浪的波動，再逐步追浪。

　　前文一再提到權證是依附一檔標的股的投資工具，根據我的獲利操作經驗，不只要懂得挑選標的股，更要嚴選有波動行情的標的股，而且要認真執行。

優先找到有波動行情的標的股

權證與股票是不同的投資工具，不過玩權證需要先弄懂，股票與權證是不可分離，就好像玩兩人三腳遊戲一樣，關係密不可分。更重要的是下單權證以前，需先選個股標的股，有了依附（連結）金融商品後，才能挑選權證。畢竟個股未來的走勢攸關權證是否有以小搏大，獲利無限的機會。

投資權證，不是先選權證，而是要先選個別標的股。股票族玩權證新權友必須謹記在心，**挑選對標的股票，等於投資權證成功了一半**。必須先行研究個別標的股波動行情，類似衝浪者在下海玩衝浪以前，必須精心挑選衝浪地點的作法一樣。不是所有海邊都有浪可以追，也不是每天、每個時段都有浪頭，所以一定要先研究個股現況。

只是個股繁多，新手型態各異，有人雖然沒有玩過

權證，卻是股市老手，經常進出股海，很容易尋到個股波動時機。有人對股市陌生，對股票認識有限，只知台積電、鴻海、台塑大企業，其他股票就很陌生。

我常跟股票族玩權證新權友說，買衣服時會精挑細選，買禮物時更會挑三揀四、嫌東嫌西，可是挑選標的股時，大家好像突然失靈了，常憑藉的只是一時靈感，或是朋友（老師、資訊）的一句話、一個代號，就冒然進場，冒冒然結果，吃「歸零膏」的機會非常高。股票族玩權證難免有失誤，但最要緊的是不能失靈，只要謹慎挑選標的股，就會有翻倍獲利機率。

▌從熟悉類股找對波動股

目前國內股市產業一共包含水泥、食品、塑膠、紡織纖維、電機機械、電器電纜、化工、玻璃陶瓷、造紙、

投資權證，獲利翻倍

鋼鐵、橡膠、汽車工業、建材營建、航運、觀光、金融保險、貿易百貨、生技醫療、半導體、電腦及周邊設備、光電、通信網路、電子零組件、電子通路、資訊服務、其他電子、油電燃氣、文化創意、綜合、其他類等。不同類別股票的股性不同，波動幅度也有不同。有些類別的股票，波動幅度很低，最容易出現在長期業績穩定的產業或次產業，典型的是公用事業如中華電（2412）、中興電（1513）。有些股票屬於景氣循環股，波動幅度平穩，如金融保險，1-3 年會有一次小漲幅，7-10 年會有一次大漲幅。另外有些股票的波動幅度很大，屬於波動股，最大宗的就是半導體、電子零組件、電腦及周邊設備、電動車、網路電商、醫療生技等。股票族對於要買哪一支股票都有想法，存股族多半會買金融股、原料股、傳產股等，認為漲跌穩定，賺得是配息；賺差價股的股民多半會買有漲跌幅度的電子股、半導體、電腦及周邊設備、光電、通信網路、電子零組件等。但是玩權證的標的股怎麼買？我的建議是，先從最熟悉的公司或企業股票找到有波動的標的股。

熟悉公司或企業股票進行研究

比如說，如果你手邊已經有國泰金、新光金、富邦金、玉山金等金融股的強勢股，可以多多瞭解金融股中有沒有波動趨勢。我常跟喜歡挑選金融股的存股族說明：「金融股的個股也有權證，但因金融股波動通常很低，權證的波動趨勢相對也較低，低跟高可以與電動車類股來比。」電動車類股是未來汽車工業趨勢，電動車類股是一個很大的族群，有晶片製造、充電器、直流轉換器、電路板、零組件系統、車用被動元件等，每一個系統都可以仔細研究。如果真的沒有特別熟悉的公司，手機已是生活必需品，研究自己使用的手機相關股票，至少這些公司的名稱較為熟悉，比較會有連結感，也會有動力繼續研究下去。

有了連結方向，就可以開始挑選想要研究的個股，以電動車類股為例，製造一輛電動車，需要各種結構、零件組合而成，除了連接器、合金車殼、面板、PCB、

金屬沖壓件、觸控模組、模具之外，還有眾多 IC 設計股，都有不少上市、上櫃公司參與。同樣智慧手機產業也是如此，製造一支手機，從外觀的螢幕、外殼、框體、背蓋，再到打開手機外殼，可以發現裡面有印刷電路板、SIM 卡、microSD 記憶槽、觸控感應晶片、喇叭、軟板等零組件。玩權證股票族可以聚焦個人偏好的零組件，再從其中發現適合的個股。

如果沒有偏好的公司，可以關注有未來趨勢的股票，所以有發表無人車、電動車、5G、物聯網，或是有輕、薄、短、小新穎產品資訊或商品時，都需要打開眼、耳、腦各個五官，相關的產業都可能是選投之一。即使以前的股價不好，只要產品搭上新趨勢、新流行、新科技、新創意，都有可能一飛沖天的機會。因為新科技、新產業常會吸引投資人的矚目，一旦發動攻勢，波動常是巨幅震盪。

投資權證一定要挑選有波幅震盪的股票類別，公用

事業、食品業、油電燃氣、航運股的股票通常是低波動類股，短期有波動時，可以進場嘗鮮，見好就收。雖然波幅不是經常發生，但只要看到指數開始上揚，不用著墨太久，就要準備進場。就像航運股股價十數年不動，2021 年受到疫情影響，硬是翻數倍成長，若是初漲即開始玩權證，一路玩下去，荷包早就鼓鼓。

▌靠財經資訊增進選股能力

類股及個股資訊無時無刻都在進行中，電腦、電視、手機、報章雜誌、網路都有各個產業、各股的公開資訊，還包括各類股、個股的評價，每天花些時間，開始一篇篇閱讀、匯整、分析，一段時間下來，就可以找到與自己頻率相通的個股。

我常用個人搜集習慣與股票族玩權證新權友分享

資訊的取得。每天都會閱讀財經新聞，這是早年養成的習慣，一定會要看經濟日報、工商時報、各大財經雜誌，瞭解工商企業訊息及財經走勢；即使到銀行處理財務，或到咖啡廳用餐，也會習慣翻閱財經類報章雜誌，隨時搜尋股票資訊；看到與行情有關的訊息，可能會筆記，或用手機拍下來，當作資料研究。另外電腦、手機網路股票資訊更是多不勝數、豐富無比，常看的有yahoo！奇摩股市、鉅亨網、CMoney，或者下載各式股票 App，會趁著空檔查尋目前相關與股票行情，甚至影響波動的訊息，當然也會使用 line 股市達人群組，不漏接股市任何資訊。當然，每週一定會逛書店，只要有對投資有幫助的期刊、書籍，絕對會買下來，而且勤做筆記，增進權證投資勝率。

財金資訊是最佳選股題材工具

股市、金融市場是全球連動，任何風吹草動都會影響股市波動，因此資訊取得非常重要，而且要學習從瞬

息萬變資訊中找到個人進場或賣出的心法。畢竟進場、賣出時機完全取決於個人當機立斷的心法，絕對需要一段時間的鍛鍊；就像學習衝浪一樣，教練只能教導技巧，至於如何掌控浪頭，必須由衝浪者自行掌握。

搜尋資訊的作用是一種驅動力，利用盤整每日、每週、每月的資訊，培養對股票的敏感度。只要規律作，就會培養出選股的節奏。

股票有股性，由於每檔股票的股本大小、經營者風格、大股東特性、獲利狀況不同，所以面對消息、全球市場競爭反應程度不同，因此股票族玩權證新權友一定要掌握個股「股性」，才能夠界定有漲有跌的波動股票。股票族對於類股輪動現象並不會陌生，但對於個股波動情況未必有深刻瞭解，可以先從個人熟悉的股票觀察，一回生、二回熟，三回就會成為觀察波動高手。只要願意投入學習時間，深入瞭解哪些個股的連結權證有波動行情；等到腦中備載地圖索引，就可以輕鬆找到屬於自

股票族權友必看權證資訊

資訊	原因
網路股票 App	目前有不少網路股票 App，使用非常方便，是很重要的權證投資免費工具，可以自看大盤、自選股即時訊息，以及股市買賣相關資訊，完整看出券商「分點」進出表、主力籌碼、三大法人布局。另外也有付費的專業版本，有更詳細的資訊可資參考。
非凡電視台《錢線百分百》	提供當日最新財報，從熱門新聞深入解讀全球產業資訊，深入追蹤個股動向，檢視盤面從強勢股到弱勢股、基本面到技術面，搭配外資法人籌碼面剖析，市場人氣焦點類股，分析台股未來脈動，可以精準掌握買賣點。
經濟日報（含即時新聞）	每日披露即時、熱點、國際、行情、證券、權證、兩岸、產業、酷科技、生技等最新資訊彙整，可以快速掌握資訊。
工商時報（含即時新聞）	重要工商財經專業報紙，每日提供財經要聞、全球財經、證券、權證資訊，可以掌握買賣點。
商業周刊（含數位內容）	每周提供國際政經新聞、財經大事、投資理財介紹及深度報導，可以掌握產業及金融走勢未來變化。
今周刊（含數位內容）	揭露第一手資訊，從國際趨勢、政治經濟情勢、產業動態、財經資訊。
理財周刊（含數位內容）	專業財經投資理財雜誌，提供學習股市投資、理財及精準選股資訊。
非凡商業周刊（含數位內容）	非凡商業周刊是非凡電視台旗下平面媒體出版品，集合各家研究機構與眾多股市專家看法的專業投資雜誌。

製表人：彭儒迪

我挑選標的股的心法。我常鼓勵玩權證的股票族說，「只要功夫深，鐵杵也能磨成繡花針，一定會找到適合獲利的標的股。」

▋股票波幅震盪愈高愈要挑

有參與波動權證的股票族問說，挑選到熟悉的股票類別後的下一步？答案很簡單：「就是要研究波動的震盪幅度，只要該股目前有波動幅度，先列為挑選目標股清單。」

波幅是決定權證時間價值的重要因素，波幅愈大，獲取的倍數利益也愈大。股票有波幅，權證也會跟著有幅度，當心中已經挑選好類股後，還必須挑選短期波幅有震盪的個股；就算類股有漲幅，個股也會有不同表現，有的波幅很高，有的波幅很低，必須再做仔細挑選。

對於權證選股，我仍然要強調再三，權證獲利來自於有波浪的標的股；即使你是穩健操作的股市投資人，也必須捨棄波動小的個股。要挑選有波動的現股，否則還是回到股票市場做長抱族。

有一位朋友操作金融股長達十年之久，即使電子股飆升的現在，他還是偏愛金融股，這與他長期在金融圈打滾，瞭解金融生態有關。他見我操作權證得心應手，希望教他進場操作策略，當我提到權證最獲利關鍵一定要挑有波動幅度的個股，電子股是首選；可是他愛抱金融股，連權證也會以金融股為首選。我很清楚金融股的景氣循環，波動行情不會隨時有，要有倍數獲利不容易，但那是他的選擇，我予以尊重。

身邊有幾位年輕股票族開始投入玩權證，卻專注電子股的操作，他們深入瞭解電子業上、中、下游連合、縱橫的關聯，因為資金不足，所以專挑波動幅度大的標的權證玩，環球晶、國巨、華新科都是標的股，短短半

年操作，已賺了好幾個投資成本。另外，長年股價低檔航運股在新冠肺炎期間，受惠運費大漲態勢，股價持續攀升，他們也觀察到波動起伏，既玩股票，又買航運股權證，兩邊都賺，開心透了！

■ 嚴選獲利權證過程實例

該如何嚴選獲利權證？有些股票族玩權證新手權友很有興趣，常會請益我個人的嚴選考量重點，我會綜合前述的原則，再根據標的股現價，以及每檔權證當時的委買價、委賣價、履約價、天數、五日均線、技術線形圖、有無法說會等資料做綜合參考，最後才會是否要下單進場。

提供之前篩選獲利 4 檔權證的參考案例，當時發現聯發科（2454）、桂盟（5306）、長榮（2603）、

群創（3481）的股性活潑，可以進場玩權證；所以各挑選一檔權證進行研析，是不是有獲利機會。以下是我思考的重點，如果投勝率高就進場，如果把握度不高就收手。

嚴選獲利權證案例（2021 年 4 月）

1. 標的股：聯發科（2454）；參考權證：國泰 085695　　　　　單位：元

4/1 股價	參考 權證	4/1 委買	4/1 委賣	買賣 價差	合適 價差	4/1 收盤價	履約價	價內外	剩餘 天數
961.00	國泰 085695	2.18	2.19	0.46	1.98	2.17	1,150	-16.43	201

→ 進場下單前思考重點

1. 法人目標價 1,130 元，與現股價有價差

2. 剩餘天數長

3. 買賣價差低

4. 權證價位 1-2 元左右

最後決定：再觀察 1 至 2 天

→ 觀察 1 至 2 天後，決定進場下單這檔權證

權證	交易日	張數	交易別	成交價	金額	價差	投勝率 [%]	投資天術
國泰 085695	4/7	20	買	2.48	49,670	7,591	15.28	1
	4/8	20	賣	2.87	57,261			

2. 標的股：桂盟（5306）；參考權證：元大 718328　　　　　　　　　　單位：元

4/1 股價	參考權證	4/1 委買	4/1 委賣	買賣價差	合適價差	4/1 收盤價	履約價	價內外	剩餘天數
214.50	元大 718328	0.97	0.99	2.06	2.09	0.97	245.00	-12.45	121

→ 進場下單前思考重點

　　1. 目前會先觀察 1-2 天（4/1 最高價 220 元，4/6 開

　　　盤高於 214.5 元）

　　最後決定：拉回不破五日均線（209 元）則進場

→ 觀察 1 至 2 天後，已破五日均線（209 元），於是放

　棄下單進場。

3. 標的股：長榮（2603）；參考權證：元富 081028　　　　　　　　　　單位：元

4/1 股價	參考權證	4/1 委買	4/1 委賣	買賣價差	合適價差	4/1 收盤價	履約價	價內外	剩餘天數
47.90	元富 081028	1.49	1.50	0.67	1.71	1.50	55.00	-12.91	121

→ 進場下單前思考重點

　　1. 4/1 法說會股價過高，目前會先再觀察 1-2 天（4/1
　　　最高價 48.1 元）

　　最後決定：只要站穩五日均線 44.81 元，則會來回
　　操作

→ 觀察 1 至 2 天後，決定進場下單這檔權證

權證	交易日	張數	交易別	成交價	金額	價差	投勝率 (%)	投資 天術
元富 081028	4/6	10	買	1.28	12,820	5,734	44.73	1
	4/7	10	賣	1.86	18,554			

4. 標的股：群創（3481）；參考權證：永豐 086268　　　單位：元

4/1 股價	參考 權證	4/1 委買	4/1 委賣	買賣 價差	合適 價差	4/1 收盤價	履約價	價內外	剩餘 天數
21.35	永豐 086268	1.67	1.69	1.2	2.1	1.69	24.90	-14.26	150

→ 進場下單前思考重點

　　1. 4/16 融券最後回補日，連三日外資主力站賣方，
　　　會先觀察

　　2. 4/1 標的股出現十字線時，會先觀察

最後決定：觀察後再作決定是否進場

→ 觀察後，決定取消這檔權證，理由有二，剩餘天數長
及買賣差價低，所以更換成「永豐089942」這檔權
證。

權證	交易日	張數	交易別	成交價	金額	價差	投勝率[%]	投資天術
永豐089942	4/13	20	買	0.87	17,425	5,120	29.38	7
	4/21	20	賣	1.13	22,545			

[Part 6]

善用 5 條件篩選
高獲利標的股

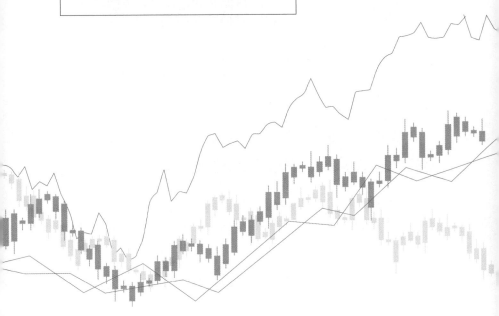

■ 條件 1：有高波段行情的類股

選美一定要挑選高顏值美女，挑選權證，也要挑出高獲利的標的股。從不懂個股到逐一認識，會花費一些時間，只要心中對於個股有一個輪廓之後，就可以嘗試挑選標的股。不過對於初接觸權證的股票族，不要過於貪心，一下子挑選 5、6 檔標的股做權證連結，反而會分心，無法好好照顧。可以先選 1、2 檔有行情的標的股。依照我玩權證的經驗，一定是先挑對標的股，再挑選好的權證，翻倍獲利的機率很高。該如何挑選具有高獲利標的股？有高波段行情的類股優先選。

權證賺得是波動錢，個股有波動行情，有利錢滾錢，波動是活水，所以股票族必須檢視標的股的基本面，一定要瞭解這家公司是哪一種產業？需觀察高階經營者的風格是否正派？最近市場的變動？花些時間熟悉股價的歷史波動起伏，只要是高波動行情的類股權證，

就有以小搏大的波動優勢，再比較個股的獲利表現。只要對類股、個股企業愈熟稔，就可以找到準備起浪的標的股，只要時機抓得穩，就會有槓桿獲利機會。

高波段行情標的股有賺頭

市場上高波段行情的個股會隨著基本面、題材面、籌碼面的流轉不斷更迭，這幾年有高波段行情的類股多屬於電子業、汽車工業、光學、人工智慧等，可以從這類標的股中挑選具有強中之強的個股。通常每季、每半年、每年交替時間點，有關主流產業的消息面就會非常多，新手需關注哪些類股即將躍為新主流，及早研究及布局。

記得 2017 年初春，我從相關訊息中嗅到波動行情股的訊息，「法人圈評估半導體、車用電子、汽車零組件、物聯網（IOT）、原物料及金融業都是可以留意的產業，尤其是蘋果供應鏈族群，有機會強出頭」。果然

隨著蘋果發表新機的推波助瀾下，PCB 群組從市場需求加溫，從年初開始持續上漲，包括華通（2313）、台光電（2383）、聯茂（6213）、台郡（6269）、金居（8358）等股價都漲超過五成。

PCB 今年來股價表現

股票代號	股票名稱	今年來股價漲跌幅（%）	上半年 EPS（元）	EPS 年增率（%）
2313	華通	98.71	0.78	225.00
2383	台光電	76.11	4.55	25.34
3037	欣興	35.48	-0.05	—
3044	健鼎	57.28	3.7	42.31
5340	建榮	105.94	0.29	-680.00
5381	合正	188.89	-1.54	—
6101	弘捷	154.78	0.46	-131.51
6213	聯茂	67.57	1.87	20.65
6269	台郡	56.84	2.15	9.69
8358	金居	51.28	3.32	315.00

資料來源：聯合新聞網摘自聯合晚報 2017-08-23 14:24

投資權證，獲利翻倍

PCB 漲勢不斷，財經新聞、雜誌及網路持續報導新關訊息，我開始查詢 PCB 群組各股基本面、技術面，股價已經始上揚。以欣興爲例，2017 年初收盤價（1 月 4 日）爲 12.55，第一季結束（2 月 24 日）收盤價已上揚至 14.35，第二季結束（6 月 30 日）時，股價持續上漲至 17.65，到了 7 月 31 日，收盤價 19.65 元，最高價更來到 19.90 元。在這段高波段行情中投資權證，只要方向做對，多少都會獲利，我也是這次高波段行情類股的獲利投資者之一。

　　到了 2018 年 4、5 月，行情又不同了，因爲矽晶圓、被動元件族群市場缺貨，整個類股活跳跳，持續攀升，漲停板的家數及次數愈來愈多，被動元件的國巨、華新科、日電貿、奇力新輪流大漲。以國巨爲例，4 月 10 日收盤價 545 元，到了 4 月 18 日收盤價已漲到 664 元，足足漲了 119 元，5 月 9 日再漲了 105 元，收盤價來到 769 元，矽晶圓的環球晶、中美晶、合晶也是持續上揚，如果在這段高波段行情，投資這兩大族群權證，一定會

有高獲利。

2020 年受疫情關係，第一季塑化股來到低檔，2021 年伊始，塑化原料指數開始噴出，有台塑、台聚、台達化、國喬。以台達化為例，2020 年 3 月 30 日股價來到最低點 6.23 元，但是到了 2021 年 4 月 19 日來到最高點 54.90 元，如果在這段上升**趨勢**的波段行情，投資塑化股權證，獲利相對有感覺。高波段行情是會根據國際走勢、基本面、題材面、籌碼面做更動，而權證敏感度又比股票來得高，所以玩權證的股票族必須培養高敏銳度，隨時留意會影響股價行情的大小訊息，抓住買賣時機獲利。

■ 條件 2：有獲利股票

很顯然的，投資權證的標的股一定是業績有上揚，

且有獲利的股票，才有波動行情。尋找獲利股票有訣竅，以下是可供參考的方法。

1. 穩定營收及成長的公司。
2. 良好營運效率，利潤攀升的公司。
3. 持續投資研發，轉虧為贏的公司。
4. 新產品研發成功的公司。
5. 具備除息、除權及現金增資行情的公司。
6. 產業大環境有利公司發展。
7. 產業景氣有反獲利跡象的公司。
8. 有企業購併利多消息的公司。
9. 受到法人機構或外資長期照顧的公司。
10. 產品價格有看漲的趨勢。
11. 即時大盤不佳，仍能逆勢上漲的公司。

當然一個企業有沒有獲利，必須從財報數據得到佐證，一個公司的營收常有大、小月或淡、旺季之分，也會受到景氣、趨勢及管理影響到公司獲利。另外，公司

的獲利，多半是公司營收成長所致，但也有一小部分原因可能是主力炒股造成；為了確認該波動是否是業績成長形成，就必須詳看財報數據，可以協助判斷是實質獲利或虛胖獲利。

財報數據中，必看的是年營收。如果對波動數據不敏感的股票族，我的建議是不用急，一步一步學習，多看、多學、多比較，就會看出端倪。

從關鍵指標看營收獲利

年營收要看什麼？以下有幾項關鍵指標：

- 每年營收有沒有增加？今年與去年、前年相較，營收成長的幅度是多大？
- 每年營收有沒有持續增加？增加幅度有多少？
- 增加速度是否愈來愈快？
- 毛利是否高？毛利高代表賺得不是辛苦錢，應

該有賺到投資新產品的資金？

· 扣除毛利後，淨利是否同樣增加？

· 營收是否由虧轉贏？以上種種數字至少要看一、
兩年，才可以看出公司是否獲利。

■ 條件 3：近期獲利高的股票

近期有題材面、籌碼面、基本面行情的標的股很值
得關注，代表會有波動起浮，甚至會有大浪頭表現。近
期獲利高的股票可以從財務報表做分析，因為財務報表
是企業經營成績單，從每一項成績數字，是可以挑選到
獲利股票，提高權證的投勝率。

不過每個人對財務分析的角度不同，也有個人的偏
好，所以本文謹從我個人的偏好來看獲利指標來說明。

細看財務 5 指標

　　當我們決定用財務指標作爲選股方式時，可以用財務指標做爲挑選參考，最常用的指標有五大類型，但不是每種指標都要做爲篩選指標，而是用個人偏好、習慣使用、用起來很簡易的指標就可以。依照我個人對財務報表的理解，我最常看的是 ROE、ROA、營業利益率、盈餘成長率（見第 129 頁表）。

　　　ROE：是股東權益報酬率，這是衡量企業拿了股東的錢投資，究竟替股東賺了多少錢的指標。

　　　ROE ＝稅後純益／股東權益

　　看到 ROE 的數值，就可以知道一家公司創造獲利的能力好不好，ROE 數值愈高，獲利能力愈佳，

不只是賺錢多少而已，還可以反應出企業運用這些資源的效率，用賺到的盈餘再做投資，讓股東再創造更多的報酬。

ROA：是資產報酬率，顯示企業的總報酬率。因為企業經營通常不會自有資金，會向金融機構或債權人借貸經營，這些單位或人也是企業投資人，所以需將利息加回去，才會看到真實的 ROA。當 ROA 數值愈高，代表資產利用效率愈好，但是 ROA 走勢需平穩或上升，顯示企業所使用的每一塊錢資產都運用得到，可以為企業帶來更多獲利，走勢是要看長期，而非短期。

營業利益率：是指企業每創造 1 元的營收，能夠創造的獲利，通常營益率會與毛利率做比較，毛利率考慮的是直接成本，毛利率愈高，表示企業技術優良及強大經營能力，營業利益必須考慮在獲取收入一切過程中耗

費的所有成本，如果成本低，代表管理效高，也是真實反映企業的獲利能力。

　　營業利益率＝（營業收入－營業成本－營業費用）／營業收入 ×100％，比率愈高，獲利率愈高。

　　從財務面分析近期獲利股票是很主觀，我通常建議股票族新手權友必須找到自己最熟悉、最簡易及最好用的指標分析，反而可以避免為了弄懂財務指標，降低了投勝率。

■ 條件 4：最近得到金主關愛股票

　　股票市場是金錢遊戲市場，有賺錢實力的股票，自然會得到金主關愛的眼神，願意用錢押注，這種押注作法，有一個專業名稱「籌碼面」。新手通常對於籌碼沒

挑股 5 財務指標

指標名稱	項目	說明	作者偏好指表
獲利能力	資產報酬率（ROA）	愈低愈佳	主要參考
	股東權益報酬率（ROE）	愈高愈優	主要參考
	純益率		少用
	每股盈餘（EPS）		不會做為主要參考
經營能力	營業成本率	愈低愈佳	不會做為主要參考
	營業毛利率	愈高愈優	不會做為主要參考
	營業利益率（營業利益／營業收入）	反映企業經營本業能力，愈高愈優	主要參考
經營品質	本業盈餘率	本業／業外收入比，企業真正本業獲利比率	會參考，不會做為主要參考
	盈餘成長率	成長持續，投資價值高	主要參考
償債能力	流動比率	流動資產－流動負債	會參考，不會做為主要參考
	連動比例	速動資產－流動負債	會參考，不會做為主要參考
	利息保障倍數		不用
風險指標	負債比	愈低愈好	少用
	現金流量		少用

製表人：彭儒迪

有特別感受，但是不少人都有看過《賭神》這類博奕電影，或曾到美國、澳門賭城一遊時的小賭的經驗，常會見到賭桌的賭金或代幣，只要看到堆出來的賭金或代幣的數量，就可以明瞭誰的資金實力最雄厚。

同樣道理，掌握雄厚資金的人擁有的股票愈多，對股票漲跌價格特別具有影響力，就是一般人俗稱的「金主」或「大戶」。

市場上常有「籌碼面分析」專業術語，簡單來說，就是研究金主、大戶的動向，因為他們一買一賣的股票，可不是兩、三張或十數張，都是幾百張、幾千張、幾萬張在買賣。

金主、大戶一買進，顯示此檔股票需求大幅上升，價格可能要上漲，一旦賣出，股票可能要下跌。因為他們掌握著股票漲跌的關鍵，所以觀察他們的動向，跟著他們的腳步走，就可以抓住波動時機。

注重三大法人動向

　　金主、大戶有哪些人？這些年來玩權證，約略可分三種人，一種是法人，通常我們常會聽到三大法人，包含外資、自營商、投信，玩權證的股票族對他們不陌生，但會說：「他們也會玩權證？」答案是：「當然會玩權證。」法人是法律上賦予權力的一個團體，任何一個營利團體都是法人，股市中的三大法人是擁有很多資金要投入股票市場的團體；外資指的是台灣以外的外國機構投資者，向證券商購買股票操作；自營商指的是合格證券公司，用公司的錢和證交所直接買賣；投信指的是投資信託公司，向投資人募集資金代為操作股票，一般稱為基金公司，你可以交錢交給他們代為操作。

　　第二種人是千張股票大戶，也就是持有該公司千張以上的人好野人。

　　第三種人是掌握內部關鍵消息的人，董監事、大股

東、經理人。

　　以三種買與賣的股票張數，常會撼動股價，特別是**有大量買進的張數，股票就會有上揚的波動**。目前證券交易所都會公布外資、自營商、投信買賣張數，可以做為挑選股票的參考。

　　我常跟玩權證的股票族分析，**籌碼分析有點像選邊站，選對邊，股價有機會上揚，選錯邊，股價很有可能陷入下跌窘境**。外資法人擁有研究分析及資金雄厚的機構，在做籌碼分析時，一定要關注外資動向，當外資持續買超，應以樂觀看待股價有追高機會。若遇到外資持續賣超的個股，就要踩煞車，不用迫不急待馬上進入股市，而是伺機進場相對安全。

判定籌碼面 5 準則

　　瞭解股票籌碼面的方向，大致會從以下四項要點做

為判定準則：

1. 從股票交易的價量變化情況做為判定標準。成交
   量少，表示股價處在盤旋狀態，甚至有清理過多
   籌碼的意味；而交易熱絡，交易量開始擴大時，
   顯示換手熱烈。

2. 從熱門股票買進與賣出動態研判籌碼動向。熱門
   股單子買進與賣出的比例大或少，所代表的意義
   不是飆股，就是冷門股。一般而言，交易流通適
   中的股票約占上市總股份的 3 成，熱門股的流動
   籌碼通常會占到 5 成，有時候甚至會高達 2/3。

3. 從巨額交易、大筆轉帳交易瞭解籌碼動向的可能
   流向。股票可能流向長期投資者，或是董監事、
   持股比例高的大股東，甚至是市場中、大戶的手
   中，則屬實股，賣出壓力不大，股價容易上升。
   若股票流向以市場散戶、小額投資人、有心賺差

價的投資分子手中，則屬虛股，則市場賣出壓力沉重，股價上漲不易。

4. 融資、融券交易金額研判籌碼動態。融資、融券的多寡可以判斷短多與短空的依據。

5. 從外資、自營商進出動態瞭解未來股市可能的變化。外資、自營商的進出動輒以億計之，他們買賣股票的動態往往可做為研判股價走勢的參考，以利瞭解未來股價可能的變化。不過外資操作手法相當靈活，且是以業績實力論斷，往往不是散戶投資者能與之抗衡，因此他們進出手法僅能做為研判之用。

目前各個股市網站、股票軟體都有各個籌碼面的相關訊息，有各種排行分析，如短線籌碼集中、主力連買、券商買超異常，這些數字都會流露訊息意義。經常查閱這些數字，再比對從各個資訊搜集而來的訊息，就會逐

投資權證，獲利翻倍

漸有感；瞭解這些數字帶給操作哪些意義，而且會出現立即反應，有助權證操作時的獲利。只要有法人、金主、自營商大量買賣超的股票，都要特別關注，代表有波動行情，有翻倍獲利空間。

★大型權值股優先選

有些玩權證的股票族對於挑選哪一種標的股，常是用聽的，而不是細究。為了避免挑選到波動太小的權證，我常用「大型權值股優先選」做提醒。權值股是對台股加權指數影響較大的股票，無論發行股數及股價在大盤中的比例很高，流通性很高，追漲的投資人比較多，再從權值股中找出最熱門、有行情、波動大的個股，這是讓小錢活起來的好方法。

■ 條件 5：從 4 訊號挑選獲利股

1. 技術面強，籌碼面有量的標的股

從技術面角度，只要出現長紅 K 棒、成交量放大訊號，若 5、10、20 日均線與技術指標均爲上升軌道，顯示個股會持續上揚，有漲幅波動，很適合短線的權證操作。無論股市大盤是上升趨勢或下降趨勢，都能用技術面找到有波動的類股；只要股價連續上揚，下方的短、中、長期均呈多頭排列，而且持續上揚，有利多方表現，未出現爆量長黑，都是有利認購權證操作的題材股。

2. 股性活潑標的個股

獲利權證的標的股，股性要活潑。我常用黑馬股說明，閘門一打開，立即狂出線的黑馬，有以下面貌：營收成長高、股價高，股本卻小，波段多頭行情機率比較

高。根據我長期觀察，**有兩種股票的股性波動活潑**：一類是 100 元以上高價股，漲幅相對比低價股來得大，短時間有波動的機會；一類是股本 50-100 億元的公司，屬於小股本，多頭行情時，股價漲幅會更大，投資報酬率會優於大型股。

3. 低基期轉強的標的股

對股市老手來說，低基期、高基期股票是耳熟能詳的投資術語，但對玩權證的股票族新手來說，常是聽得霧煞煞。其實股票並沒有高或低的基準，只因股市漲升過程中，先漲升的個股會先整理，一旦先漲的族群股進入休息或整理時，就會輪到落後補漲的個股。通常先漲的族群會被賦予高位階或高基期的名稱，落後補漲的個股被稱為低位階或低基期。

當族群股漲幅相對落後，或整理一段時間後再次展開攻勢時，只要低基期個股出現轉強訊號時，就可以留

意是否有股價波動的趨勢。記得 2018 年 4 月初，被動元件漲勢凶猛，在 MLCC 市場缺貨及下游廠商必須手捧現金搶貨的帶動下，不只高基期的國巨、禾伸堂、華新科漲到漲停板，連低基期的信昌電、金山電、大毅也跟著轉強。其實在股市漲勢中，不少低基期股票會轉成強股，如果發現量增、價揚時，就可以進場操作權證了。2018 年農曆年封關前，股市市場輪動，3 大低基期族群，包括面板、生技、LED，受買盤關愛，5 檔生技股攻上漲停，面板股的彩晶、LED 股麗清登逾 2％，此時因有漲幅，進場玩權證的股票族個個嚐到翻倍獲利的甜頭。

2021 年年初，晶圓代工的老大台積電（2330）及老二聯電（2303）的漲勢不斷。台積電股價從 536 元盤中最高一度漲到 679 元，漲幅高達 26％；聯電股價從 45.55 元漲到 57.2 元，漲幅同樣超過 25％。在這段上漲波動下玩權證，玩權證的股票族絕對很有感。如果 1 股 0.73 元，買 20 張 20,000 股，成本 14,600 元，隔天 1.7 元賣出，市值 34,000 元，獲利 19,400 元，報酬率為

232.8%，翻倍獲利的滋味絕對讓你笑呵呵！

4. 盤整期，選股不選市

　　大盤處於盤整區間時，因為股價波動小，對於需要有波動操作的權證來說，選股並不容易。像 2019 年、2020 年初期間，股市受到中美貿易戰、新冠肺炎的持續影響，大盤起起落落屬於盤整期，權證操作並不容易，但仍可偏向選股不選市的策略。挑選有個股表現的強勢股，只要有爆量長紅 K 棒、五日均量在 500 張以上、剛剛形成均線多頭排列的個股都可以進場，但要遵守隔日沖的紀律，降低風險。

▌簡易 5 步驟挑選權證技巧

　　如果對操作股票不陌生，只是想用權證的槓桿倍數

賺到更多錢，建議可以用簡易挑選法操作。但是沒有把握的股票族的新手，還是稍安勿躁，用以上方法先弄懂權證以後再來使用。以下是簡易、快速挑選到權證的操作步驟。

步驟 1：挑選有波動走勢的股票

記住！玩權證就像玩衝浪，挑選的股票必須有上揚波動走勢，而且是中，大形波動，沒有波動的股票，不要選。不過有些波動大的股票，證券商並未發行權證，所以挑選之前仍需先行查閱。

步驟 2：權證與股票之間的連動性要高

什麼是連動性？因為權證是股票的衍生性商品，股票是媽媽，權證是孩子，連動性是指雙方互動程度的高低。所謂連動高，是指股票漲，權證跟著漲，獲利就會高；如果股票漲，權證沒有跟著漲，代表連動太低，獲

利相對低。所以權證要獲利，一定要挑選連動性高的權證。

步驟 3：要挑選時間價值遞減緩慢的權證

權證與股票之間有一個很大的差異性，權證是短天期的投資商品，約在 120 至 180 天，到期日一到，權證就沒有任何價值。所以挑選時，要注意時間遞減價值，也就是還有多少剩餘天數。不要挑選 60 天以下的權證，最好是 90-120 天，當然 120 天以上也沒問題，可以視個人承受的風險決定。

步驟 4：不挑高槓桿風險大的權證

高槓桿帶來的是高風險，所以建議新手不要先搶高槓桿的高獲利，反而是要挑選一般槓桿。風險小的權證，目的是熟悉該檔股票及該檔權證的特性，再從其中累積權證的操作技巧，提高權證勝率。建議槓桿在 3-5

倍之間，價格在 1 元左右最好，因為漲幅相對敏感；

價格 0.5 元以下，漲幅不敏感；價格 2-3 元，漲幅又太

敏感，不好操作。履約價的價內外在 10-15% 之間。

步驟 5：流動性高，好買賣的權證

　　股票及權證交易是一個平台，買與賣的投資人會在

平台上進行撮合交易。流動性高的權證，代表人氣旺，

無論買與賣都有人承接，就會獲利；如果發現流動性太

低，交易人數太少，最好別碰。

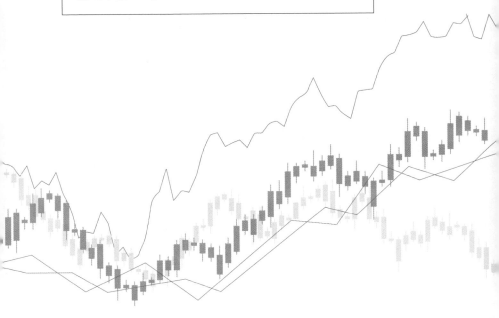

[Part 7]

**證券商左右權證獲利，
挑選時多方看**

▋優質證券商優先選

　　每次談權證，我一定會再三叮囑「股票是本尊，權證是分身」的觀念，也同時強調權證是證券商發行的衍生性商品，目的就是希望大家瞭解股票本尊只有一檔；可是每一檔股票卻有很多檔權證分身，而且有認購、認售權證，一定要仔細挑選，不可以混淆，免得下錯單。

　　一位玩股票的好友已經退休了，聽到我聊到權證可以翻倍賺，有些心動，很想從月領退休金拿出 5,000 元玩權證，或許可以賺些零花錢，營業員請他從手機下載 App 進行操作。有一次打電話問我：「為什麼台積電權證有這麼多檔？常常弄不清楚，有時候差點下錯了單。」原來上網搜尋台積電權證，有好多檔，而且名稱不同，最初下單時有些弄不懂，只好打電話求救。我先請他冷靜面對，不用慌張，可以請教證券公司營業員該如何正確操作 App，免得挑錯權證。幾次教學後，終於讓他順

投資權證，獲利翻倍

利挑到好權證，獲利了結。當然他也在我的指導下開始閱讀權證相關資訊，此時他才理解標的股是唯一本尊；但是分身無限，因為每家證券商都可以發行與標的股連結的權證，但也不是每一檔股票都會有證券商發行的權證。

注意發行證券商品質

權證發行檔數始終維持在一萬至兩萬檔之間，在萬檔之中如何挑選到獲利權證，的確需要學習基本操作技巧，準備好功課再下場玩權證，才能玩出個人的專屬權證操作法則。之前提到玩權證與玩衝浪技巧相似，必須找到有浪頭的海域，而且要在對的時機前往，甚至花時間等待，因為浪頭不是隨意興起；同樣的獲利權證也是如此，必須出現獲利條件的關鍵因素，而其中至關重要因素之一就是發行證券商的品質。

投資權證時，選擇優質的好券商，是獲利的重要因

素之一，不僅不會折損獲利，反之會損害獲利，讓你氣得牙癢癢。

　　我就吃過劣質證券商的虧，計算後明明是獲利倍數，硬是被調降隱波率，少賺還算好，有時甚至會虧損，氣到客訴。這些年證券商品質是有改善，但仍有良莠不齊現象，慎之！慎之！

■ 務必挑選有造市能力證券商

　　證券商品質及權證特性攸關獲利指標，務必多方觀察。權證是證券商發行的金融商品，所提供的服務是否能讓權友心服口服，感受到數一數二的專業能力，還是說只是要坑殺權友，毫無服務品質的惡搞。所以挑選獲利權證的第一步是要挑對有服務品質，而且有造市能力的券商，遠離惡搞的證券商，這是獲利第一步。

證券商造市品質攸關實質獲利

　　為什麼證券商的服務品質這麼重要？權證交易與股票一樣，要注意到流通性，可以容易買到，也要容易賣掉。由於法律明文規定，權證流通性是由證券商一手負責，玩權證的股票族一定會經常聽到「造市」這個名詞，以及「證券商有造市責任」的說法，但什麼是造市（market）？什麼又是造市商（market maker）？股票族有些弄不清。

　　造市是一個金融商品市場的專有名詞，大多數金融商品若要在公開交易平台有良好流動性，吸引更多投資人參與，一定要造市。也就是買賣之間的流通性，包含股票、權證、ETF、衍生性金融商品、債券等。當一個金融資產尚不成熟時，一定會要有造市商存在，讓市場的流動性更好，讓參與者更願意持續參與其中；也就是說，為讓權證市場活絡，發行權證的證券商必須負起提供流動量責任，就是造市商，意指券商必須肩負權證買

賣之間的流通性。

　　投資人的交易對象是證券商，你出錢向某一家證券商買進其所發行的權證商品，而賣出的對象也是這家證券商，想想看，買權證與賣權證都是這家證券商，服務品質的好壞是會影響獲利程度的。但各家證券商的造市品質，就像五個手指頭一樣，有長短、優劣之分，玩權證的股票族務必透過各項檢查點，查覈證券商的造市能力，才能保證實質獲利。

■ 細看掛單量看到流通性品質

　　掛單量充足與否，攸關權證流通性品質，該怎麼看掛單量？通常券商會根據標的股票流動性選擇權證造市時的掛單量，品質良好的證券商提供充足買賣量，委買、委賣掛單至少百張以上。如果某一個價位掛單量未

投資權證，獲利翻倍

超過百張以上，絕大多數不是該券商的掛出，代表該券商不願意回收或賣出權證的價位。我會請股票族玩權證新權友打開權證交易手機頁面，任意點一檔權證代號，詳看委買與委賣掛單張數，因為從掛單量就可以看出證券商服務品質的優劣與否。如果委買掛單量少於委賣掛單量，代表證券商造市品質不良，如此投資人買的權證不易被買回，權益就會損失。

流動性品質看的是流動性的強與弱，流動性強就是變現能力強的意思，只要在交易日時間進行買與賣，都可以撮合，不會有問題。賣出權證後，第二、第三天就可以取得報酬。流動性弱就是變現能力差，常常是兩、三天沒有掛單量，不易賣掉。

有一位很想試試權證魅力的股票族，曾經發現被動元件族群有漲勢浪頭，於是進場買了某家檔證券商發行的某一家被動元件標的股的權證。買後第二天想賣，結果股價直直落，不想虧損所以沒賣；第三天股價小幅

上揚，還是有虧損，不甘心沒賣；第四天一開盤，股價直接上揚，當然要賣，卻發現券商調整隱波率，原來可以小幅賺錢，卻變成虧損，超不開心。更糟的是，沒有一張掛單量，又氣又緊張，直接用 line 跟我抱怨，「這家券商是怎麼啦！之前就聽前輩說要注意券商會動隱波率，沒想到今天遇到了，很不甘心，乾脆賣掉算了。結果今天沒有一張掛單，到底能不能賣掉？」

我跟他說明，這點不用擔心，因為我們買到的權證是證券商賣出；你想要賣出權證，多半也是造市證券商買回去。證券商必須根據連結的現股即時價格，用公式計算合理的權證委買、委賣價格，擔負起盤中掛單責任。台灣證券交易所規定，權證發行證券商必須肩負權證造市責任，提供權證流動性給投資人。為避免日後交易時的品質，我請他做交易紀錄，將這種券商歸為「拒絕往來戶」名單，避免權益受損。

服務品質優良的權證流通性

委買價量		委賣價量	
1.10	399	1.11	200
1.09	200	1.12	235
1.08	20	1.13	300
1.06	35	1.15	300
0.80	10	1.20	10

製表人：彭儒迪

服務品質不良的權證流通性

委買價量		委賣價量	
1.10	100	1.11	10
1.09	100	1.12	20
1.08	200	1.13	200
1.06	100	1.15	300
0.80	20	1.20	20

製表人：彭儒迪

▋造市品質要表裡一致

造市品質長期穩定才是優良造市證券商，股票族玩權證新權友常會問，要怎麼看造市品質？我的答案一律是表裡一致。會被投資人唾棄的證券商，一定是表面說一套，裡子是另一套。

創造穩定隱含波動度：比方說，證券商要創造穩定隱含波動度，而且要始終如一，不能創造出穩定的隱含波動度，甚至會調整隱含波動度，坑殺投資人的獲利。或者先用假象創造買賣單流動量充足，吸引投資人的買進，到了交易期間，掛單量充分不足，出現滑單，造成投資人的損失。

掛單量要充足：掛單量是否充足，也可以看出證券商造市品質。股市剛開盤五分鐘以內，就全面掛出三位數委買賣單，不會更動，代表證券商品質表裡一致。品

質不佳的證券商，甚至出現到了9:10或更晚才會掛出三位數的委買賣單，掛單量看似充足，但流通性已變差。尤其遇到早盤開高走低的行情時，會影響權友的交易，也有可能造成不小的損失。

掛單價差比要愈小愈好：權證價格與標的股價格息息相關，權證的Delta值就是代表股票漲1元時，權證會漲多少元的數值。我曾經看過期權醫師舉台積電權證為例的解釋，「A權證delta為0.111，讀者可以自行計算，就可以知道當台積電股價跳動一檔（0.1元）時，權證應該會跳動0.0111元，超過這檔權證跳動一檔的幅度（0.01元)，券商在考慮到合理的權證價格反應與避險成本後，委買委賣價差是維持在2檔（即0.02元）以上比較適宜。所以，我們可以繼續推論出，愈是價內的權證、執行比率愈高的權證、標的股價跳動金額愈大時，由delta計算出的權證價格跳動會愈大，權證委買委賣價差自然也會跟著擴大。」所以我常股票族權友說，委賣價格為1.0元，委買價格為0.5元，代表券商為了

避險，已經做了調整，投資人買進一張後立刻賣出將立刻損失 0.5 元的價差（即 500 元），所以必須要檢視該券商的造市品質，以免虧大了。

權證價格反應要貼近現股：標的股票價格變動時，有造市品質的證券商會即時反應權證價格，但是造市品質差的證券商反應價格速度緩慢，標的股股價上漲多時，權證價格卻未能跟著即時調整，導致權友錯失賣出權證時機，損及獲利權益。

■ 刪除會動隱含波動率手腳的證券商

隱含波動率是投資權證獲利的重要因素，反應權證價值波動的因子，是用目前權證成交的最新價格，再用權證評價公式反推隱含權證市價中的波動率，可以直接反應當下現況，同時可以做為評量投資人心理層面的工

投資權證，獲利翻倍

具，瞭解他們對標的股價未來波動預期，可用以評估權證價格之合理性。波動率愈高，代權證履約的機率愈高，相對權證價格愈高，賺賠倍數也愈高；波動率愈低，代表權證履約的機率愈小。但對投資人最有利的隱波是愈穩愈好，可以計算最有利的買賣點。

權證是與證券商進行交易

我一再重覆強調權證是證券商發行的衍生性商品。玩權證是與證券商進行投資交易，也就是說權證隱波是由證券商控制，自然不希望權證漲價，降低收益，所以權證波動率通常是「只會向下，不會向上」。至於會控制在哪一個幅度區間，就要看證券商的良窳，優良證券商的隱波會維持穩定波動度，不會隨便調降穩波；而不良券商可就不一定了，承辦交易員會用調整委買隱含波動率的作法成為獲利重要來源，讓權證賣出價格高，再用低的價格回收，從中牟取不良利益，很沒道德。

投資權證多年，遇到動手腳的證券商不在少數，只要有遇到，一定會謹慎，甚至會列為「拒往證券商」。目前經常交易的證券商約有五家，元大、元富、統一、永豐、兆豐，其他的證券商不是觀望就是拒往，提供給大家參考。要查詢隱含波動率，可利用每一家證券商權證網的試算程式，以元大權證網為例，點進「權證分析與試算」頁面，輸入權證證號，再點一下「權證試算器」，就可以查詢到標的股價格、各個隱含波動率的價格，可以做為買價或賣價的實質參考。

波動率高低表現

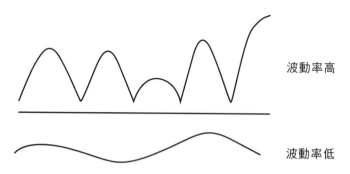

波動率高

波動率低

由於隱含波動率控制在券商手上，自然不願意讓權證漲價，所以跌幅機率很高。我就遇過證券商調降隱含波動率的例子，發行證券商是××，權證是中華電，當時是**除權息日前一日收盤前買入，價格是 0.51，但是除權息日當日調降隱波率，價格直接到 0.45**，原本是投勝率，變成投負率，心裡真的很嘔！當時參與除權息認購權證者多，權證流通在外比例高，我認為證券商是為了避免損失風險，刻意調降；但是券商有負起造市品質的責任，不應任意調降，傷及權友權益。因有切身之痛，這家證券商早已列為拒往戶名單，當然也不可能介紹給任何一位權友在這家證證券商下單。

切記！歷史波動率僅供參考值

　　提到隱含波動率，一定會談到歷史波動率。有些股票族玩權證新權友會問我，「什麼是歷史波動率？買權證時要參考嗎？」歷史波動率是影響權證價格的其中一個因素，是過去一段時間由股價計算出來的結果，購買

之前，可以當作參考值，瞭解該檔權證波動率的震盪幅度是大是小，或是平穩波動。歷史波動率愈高，預期標波動幅度愈大，權利金相對昂貴，標的波動幅度愈小，價值和權利金就愈低。

不過歷史就是過去式，無法反應當下交易時的波動程度，所以不能太過倚賴歷史波動率。要查詢隱含波動率，一樣可利用證券商權證網的頁面查詢，以元大權證網為例，點進「權證分析與試算」頁面，輸入權證證號，再點一下「隱含波動率」，就可以查詢到一、三、六個月歷史波動率。

[Part 8]

看懂獲利
權證的訊號

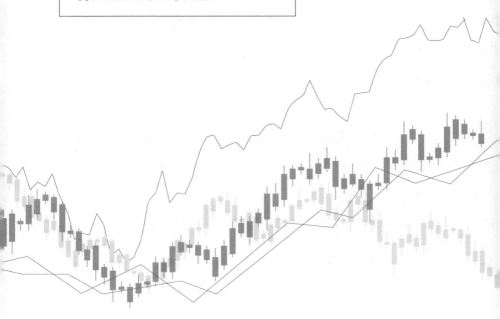

■ 挑選 120 天左右的權證，別碰短天數

時間就是金錢，投資權證更是如此。

權證絕對沒有保鮮期，買或賣的權利是證券商設定的存續期間之內，買進以後，價值就會隨著時間消逝遞減。這就是為什麼買進之前要研究各股資訊、股性、盤勢，計算何時買進的原因。

一旦下單後，就需要在存續期間賣出權證，享受荷包滿滿的獲利。所以我常跟股票族權友提醒，玩權證就是跟時間賽跑；因此在下單之前，一定要研究你所要買的這檔權證證型，特別是到期日，**千萬不要買到距離到期日很近的權證。**

我的理由是，股票族玩權證新權友對於浪頭趨勢尚不熟悉，無法擬定彈性應對操作策略，萬一買進價位不

是你所設定的期望值，又沒有應對策略及戰術，在慌張狀態下，常會亂了方寸，無法掌握獲利準則。所以購買時一定要看清楚到期日，避免誤買即將到期的權證。天數愈長，即使買到高價，還有機會重新擬定策略，增加獲利空間；如果是短天期，無法有效拿捏操作策略，很有可能損失所有成本。

曾經看過「權證的時間價值就好比買進股票的入場費，權友有權利在存續期間內，因為標的股價大幅波動賺取獲利機會，但是距離到期日愈近，時間價值消逝的程度愈快」的說法。我很認同，常會與股票族玩權證新權友分享這個寶貴概念。

時間很無情，獲利要趁時，必須要看到期日，一定要挑選天期 120 天左右的權證。成長股多頭漲勢多數都是 3 個月，挑選尚有 90-120 天存續時間的權證，獲利機會很高。

■ 價內 10% 至價外 15%，賺錢訊號高

要挑選獲利高的權證，需先瞭解什麼是價內、價外。不少股票族玩權證新權友第一次聽到價內、外時，常是一臉茫然，完全聽不懂價內、價外跟獲利有什麼關聯？

每一檔權證發行時，證券商已先設定好履約價格，權友行使買進／賣出權利時，有一個買／賣目標價格，價內、價外是說明履約價與連接標的股價格之間的差距幅度，從百分比的數字，可以判斷該檔權證履約價與標的股股價目前的差距。

以認購權證為例，履約價 100 元，標的股漲到 90 元，代表這檔權證價格快要到達標的股價格；差距是 10 元，差距幅度 10%，代表該權證有內含價值，也就是價內 10%，具有履約價值的權利，可以用 90 元買到 100

元標的股股價的權利。如果履約價 90 元，標的股 80 元，代表這檔權證價格屬於價外；差距幅度 10%，代表該權證也有內含價值。價內、價外差距幅度在 10-15%，具有實質槓桿作用，與標的股連動性大，獲利空間高。太價內、太價外的價格，如**超過 25-25% 以上，稱為深度價內、深度價外，沒有權證內含價值。**

我告訴股票族玩權證新權友，每檔權證都會清楚標示價內、價外百分比，看到深度價內／價外百分比，超過 15%，我不建議下單。因為深度價內的履約價等同標的股股價，等同現股，槓桿效果差，獲利空間小。深度價內的履約價等同標的股股價，太價外的權證，和現股的連動性低，很難有獲利空間。價內、價外差距幅度在 10–15% 權證，都可以下單。

從下表認購、認售圖表，新手可以從線條及灰色區塊看出權證內含價值的部分。線條是履約價，灰色區塊是價內區域，只要股價進入價內區域，就可以獲得內含

認購權證

2013/05/06　台積電 · 日線圖　111.5 ▲ 1.5　　　履約價：100

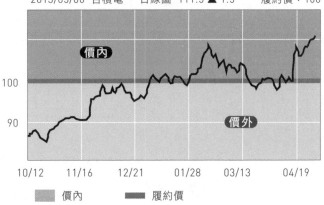

價內

100

90

價外

10/12　　11/16　　12/21　　01/28　　03/13　　04/19

　　　　價內　　　　履約價

認售權證

2013/05/06　鴻海 · 日線圖　77.9 ▲ 0.4　　　履約價：85

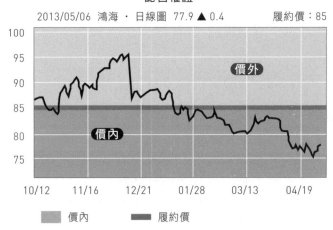

100

95

90

85

80

75

價外

價內

10/12　　11/16　　12/21　　01/28　　03/13　　04/19

　　　　價內　　　　履約價

輕鬆辨認價內、價外區塊

投資權證，獲利翻倍

價值。淺灰色部分是價外區域，百分比愈大，價值愈小。

投資權證，很多人是被高槓桿的報酬率吸引進場，我個人也是在瞭解權證具有高槓桿的倍數下，花了點時間進行研究。權證槓桿倍數在 3-15 倍之間，**當股票漲了 1%（百分比），權證會漲到** 3-15％。所以看對了股票行情，再抓到瞬間浪頭，短時間讓自己的資金翻倍絕對不是夢想。

問題來了，權證一、兩萬檔，到底要如何知道這檔槓桿倍數是怎麼計算出來，實際倍數是多少？其實上網搜尋權證，每一檔權證項目上都有實質槓桿，數字代表倍數，顯示 1 代表槓桿倍數是 1 倍，獲利權證的倍數要挑選 3 倍以上，數字愈高，倍數愈高，獲利也愈高。至於計算公式，是名目槓桿 × 避險比率（Delta）得出來的數字，每一家發行券商都會計算出來，新手權友不用費心計算，但挑選時務必注意槓桿倍數的數字一定要在 3 以上。

有股票族玩權證新權友說，如果挑選實質槓桿落在10倍，獲利豈不會更好、更高？當然是如此。但我一定會請股票族玩權證新權友操作「中」槓桿的權證，就像新手學衝浪一樣，尚不清楚權證的浪形、浪勢，因此需先從3倍左右的中型槓桿熟悉浪頭的起伏。一方面有獲利空間，一方面又不必承受過大風險，等到熟悉槓桿的起伏後，再開始挑戰「高」槓桿倍數的權證。畢竟槓桿愈高，風險愈高，下單壓力相對提高，所以要從低風險的槓桿倍數練習，以免壓力上升，看錯行情，下錯了單。

▋ 要挑委買委賣價差比小的權證

　　在談價差比之前，需先瞭解什麼是價差？是指委賣價與委買價中間的差額，價差對發行的證券商來說，是獲利來源之一，但對投資人來說就是交易成本，當然愈

低愈好。價差比就是買賣價的差異占總金額的比例，通常挑選權證時，會有好幾檔權證在做比較，利用價差比是一個可以做比較的參考指標。價差比值愈小愈好，成本會愈低，較昂貴的權證，價差比反而較低。

價差比的公式：委賣價－委買價／委賣價

有一次股票族玩權證新權友不解問說：「小是怎麼個小法？」我用兩檔權證做解釋。A檔權證買價是1.20，賣價是1.21，如果你用1.21元買進，就會立刻損失1.21–1.20＝0.01元價差；B檔權證買價是0.67，賣價是0.68，如果你用0.68元買進，同樣會立刻損失0.68–0.67＝0.01元，利用差價比計算，兩檔損失就會有明顯的不同。

A權證的價差比＝（委賣價－委買價）/委賣價；

$$0.01/1.21 = 0.82\%$$

B 權證的價差比＝（委賣價－委買價）/ 委賣價；

$$0.01/0.68 = 1.47\%$$

價差比值一定要愈小愈好，通常愈便宜權證，存在愈高的價差比，較昂貴權證，價差比反而較低。

證券商造市掛單，一定會精打細算，但有規則可尋，最大價差不能超過 10 個升降單位，通常價格小於 1 元的權證，證券商掛單價差為 0.01 元；大於 1 元的權證，掛單價差可能會增加至 0.02 元或以上。

不過當你發現某權證委買價與委賣價價差過大，就要心生警惕，應屬不尋常報價方式。比方說委買價 1.5 元，委賣價為 2.0 元，價差高達 0.5 元，投資人就要細心判斷委賣價格的合理性，避免價格偏離影響獲利。

▋善用權證網資訊篩出獲利權證

　　發行權證的證券商都有建置免費權證網，元富權證網、元大權證網、統一權證網、日盛權證網、凱基權證網、富邦權證財神網、群益證券的權民最大網（https://twsa.warranttw.tw/brokers），股票族權友一定要先學會使用，再巧妙運用，任何一家都有提供挑選標的股權證的篩選方法。

　　我的建議是，先挑選有波動行情的標的股，再以各個券商建置的權證網爲輔，例如標的股挑選的是大立光，希望購買元富權證發行的大立光權證，就需利用元富權證網進行搜尋相關資料。當然有人習慣使用元富權證網的頁面，也很熟悉網頁介面，始終如一，也是可行的作法。通常只要輸入標的股代碼，任何一家權證網的軟體都會篩選出一堆潛力股及權證；但重點是，如果你不懂公司、不瞭解股價走勢，急著操作，跟玩賭博沒兩

樣，肯定十賭九輸。所以使用權證網時，仍須花時間研究公司基本面，再以權證網資訊爲輔。

　　再以元大權證網爲例，有「智慧搜尋」介面，是元大券商已經將選股時會考慮的多項指標用電腦程式進行篩選，如到期天數、價內外程度、買賣價差比、流通在外比率等等，篩選出有波浪行情的標的股，有點像「電腦選花生」的道理一樣，不用耗費太多時間一一比對。我建議新手可以試著從其中找到最適合的標的股，但是不要過度倚賴智慧精選榜的權證，而是列爲重要參考夥伴。畢竟波浪瞬息萬變，還是需靠自己一步一步累積玩權證實力，馬步紮得穩，小錢活起來勝算大。

　　最初使用證券商權證網不熟悉的股票族，只要懂得詢問營業員或服務人員，假以練習後，很快就會得心應手，輕鬆篩選出有獲利的權證。

投資權證，獲利翻倍

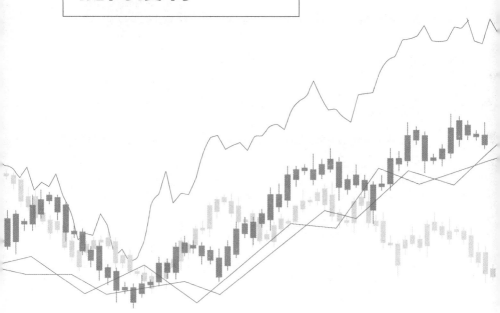

[Part 9]

活用 8 密技
提高獲利

■ 密技1：計算權證合理價格

　　權證要獲利，操作熟稔度很重要，有些股票族玩權證新權友常因緊張，亂了操作順序，一看到跳動的數字，對於判斷該買進的低點及該賣出的高點，就失去了準頭，詢問「怎麼會買進這個價格？」答案常是直覺，或是看了五檔委買單、委賣單，稍微計算一下，就下單了，結果交易過程，常是驚險重重。後來我再請他們分批再買兩檔認購權證，各買一張，根據標的股的盤勢、波動，活用8大密技，要先操作愈變愈順，至於獲利比率不貪多，20%以上即可。結果發現，活用密技以後，失去準頭的情形逐一減少，兩檔兩張權證獲利率都在50%以上，顯見活用密技，可以提高獲利機率。

計算價格合理很重要

　　權證是參與股票漲跌行情的一種工具，價格又比股

票便宜非常多，所以有些股票族玩權證新權友買權證的時候，一看到盤面上有委買、委賣的報價，稍微計算一下交易成本，覺得符合投資金額就下單了。這種下單方式很危險，因為你不知道價格是否合理，也不瞭解現股價格的漲跌趨勢，等到早盤買進後，到了盤中，價格一路往下跌或往上揚，你就虧大了。

一位股票族玩權證新權友跟我說，曾經沒有計算合理價格，結果讓他瞬間損失 4,000 元。當時從資訊中獲悉一家半導體公司，新廠即將落腳南科高雄園區，預計投入 3,350 億元興建新廠，為籌措相關資金，辦理 4 億股現金增資，每股 22 元，預計可募資 88 億元，認為標的股應會有浪頭，於是買了一檔權證。

當日開盤後，現股價格 28.1 元是折價發行，出現賣老股換新股套利賣壓，股價開小紅後立即翻黑，盤中月線失守，跌幅 6.98％，立即賣掉後，權證一股賠 0.4 元，他買了 10 張，一張現賠新台幣 400 元，瞬間虧損 4

千元。這位權友當時想買 50 張，後來買到 10 張，不然
會虧損 2 萬元。

　　權證價格會跟著現股走，以認購為例，現股漲，權
證一定漲，現股跌，權證也會跌，所以直接看權證盤勢，
看不出股性趨勢。買權證就一定得看現股走勢，同時要
先行試算權證合理價格，避免買到太貴的價格，也能降
低盤勢風險。

　　目前證券商權證網都有試算區，可以先行上網試
算買與賣的價格，或用電話洽詢證券商如何試算合理價
格，而不是直接看委買 / 委賣價格下單。

　　要如何計算權證合理價格？發行權證證券商都有權
證網，可以利用權證計算器計算。有時候你會發發現標
的股是有漲，漲幅卻沒有權證漲得那麼誇張，價格一路
往上飆。

投資權證，獲利翻倍

注意權證價格的訊號

另一位股票族玩權證新權友也曾遇到過這種情況，發現權證價格比市價多了 50%，他趕緊掛委賣單，還真的賣掉了，他好開心，只是他覺得不對，怎麼回事？就正常交易狀況，應該不會發生這種事情，但怎麼會發生？合理推測應該有兩種情況，一種是有人大筆買下這檔權證，一下子買走券商掛的賣單，然後一路買上去，結果買到的不是券商掛的買單，而是投資人隨意掛的買單。

當然也有一種可能是股價上漲關係，證券商正在重新發布電腦掛單，就在布單的時間差，剛好有人下了市價單買進，而權證是逐筆撮合，並非每秒撮合，所以瞬間成交到市場上其他投資人掛的漲停價。

我恭喜這位權友獲利了，但是不可能每次都這麼幸運，還是要回歸到計算合理價位再行下單，才是最佳交

易策略，也才能獲利久久。另外，如果你是要下委買單，看到與標的股現價差很多，應該是不敢下單，因為買到就虧損大了。

每一家證券商權證網都有類似試算器

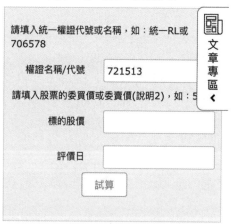

資料來源：統一證券網
http://warrant.pscnet.com.tw/j/e1.jsp

投資權證，獲利翻倍

■ 密技 2：開盤後 5 分鐘不要貿然下單

　　有些股票族玩權證新權友很希望在開盤後就進行交易，怎麼發現不少權證在開盤後 5 分鐘（09:00-09:05）幾乎沒有任何交易，尤其是已經看到有走勢的個股，很想一開盤就下單，只是受限 5 分鐘不造市掛單的盤整，很擔心現股股價會不會一溜煙不見了，或是券商縮小委買掛單量。

注意！開盤後現股報價未明，少下單

　　我常提醒股票族玩權證新權友，如果對權證與現股之間連動趨勢沒有充分瞭解情況下，不要一開盤就下單，等到證券商掛好充足單量全面造市，交易時會比較安心。發行證券商提供權證報價，主要是隨著現股的股價變動，由於股市九點開盤後，多數股票的價格未明，主管機關同意在市場開盤後 5 分鐘內，券商可以不用報

價；也就是說，**開盤後的5分鐘之內，證券商可以不造市，也可以造市，多半證券商不會造市**，當然不會有掛單量；有少部分證券商會在09:02-03充分掛單，代表該證券商希望用優質服務吸引權友下單買賣，但不多見。所以為了新手權友的獲利權益，我會不斷叮嚀，**開盤後的5分鐘之內，不要貿然下單**。或許你會看到委買或委賣單，有可能不是券商所掛，容易偏離合理價格，可能會買貴了；停一下，看一下，等到下單充足後再下單，才不會買貴，減損獲利。

　　有些股票族玩權證新權友早盤交易需求，我的建議是，買賣前稍先觀察形勢，等盤勢趨於穩定後再下單，避免買貴賣便宜的遺憾發生。

收盤前5分鐘一樣小心下單

　　收盤前5分鐘的情況也是一樣，有些證券商的委買掛單量有3位數，有些券商會只有2位數，甚至只有20

張，依照法規及公開說明書記載，收盤前 5 分鐘委買掛單量不得低於 10 張，畢竟收盤價決定順序是以成交量優先於價格、優先於時間。但在最後 5 分鐘的撮合階段，常常無法反應現股對應價格，很容易賣到比合理價還要低的價格，可是會讓你捶心肝，痛呀！

■ 密技 3：分批買進賣出

買低賣高是獲利準則，但獲利必須具備分散風險觀念，為了降低誤判機率，提高獲利空間，分批買進是很重要的買賣策略。

目前分批買進最常用的作法有等比買進及金字塔買進，各有各的作法。**分批買進是將原本一次性投入的資金分成 3 等分，第 1 次投入 1/3，對了再加碼 1/3，不對就賣掉。**金字塔買進是將投入資金一樣分成 3 等分，只

是比例像金字塔，分成 50%、30%、20%，第 1 次投入比例占一半，對了再加碼 30%，最後再加碼 20%，不對就賣掉。

不少投資股票的人，常會用攤平觀念投資股票，尤其適合行情不安穩的走勢時，會用攤平方法降低投資成本及提高獲利。權證中的分批買進及金字塔買進與攤平觀念類似，但我個人不建議將攤平觀念帶入權證買賣；因為權證有時間價值，如果忽略掉時間流失，一直使用攤平方式買權證，可能會愈攤平愈虧損。

務必甩掉攤平邏輯

為什麼我要不斷強調玩權證要甩掉攤平邏輯，這是股票族慣用的投資策略，玩權證這個邏輯可是使不得，一定要想盡各種辦法甩掉。權證價格特性是從「漲跌方向」與「漲跌幅度」決定；此外，無論是多或空，只要價格不如預期，兩、三天後價格就有可能出現大幅度的

投資權證，獲利翻倍

跌落比例。很多人以爲逢低加碼，應該可以反敗爲勝，但是過程中牽涉到「時間價值」及「漲跌方向」兩大不可預期的特性，困難度很高。我的建議是用「停損逃離不可預測的市場」，留下資金、留在市場，尋求投勝率高的交易，才能反敗爲勝，翻倍獲利。

▌密技4：丟掉不賣不賠的錯誤觀念

萬一買進權證後，價格直直落，是賣，還是不賣？股票族玩權證新權友常會有「不賣不賠」觀念，所以會做出不賣的決定。我告訴權友說，方向做錯就要認輸，賣掉只是小輸，更是資金管理的一環，錢拿在手才有獲利的機會。**權證有時間價值壓力，盤整時間愈長，壓力愈大，所以必須丟掉不賣不賠的錯誤觀念，同時要有停損意識。**只要權證價格距離賣價超過，損失超過停損，一定要執行賣掉紀律。

股票族的操作手法常會強調「長抱」，尤其是存股族，一抱就是好幾年；但是玩權證的心法可不是，絕對不能死抱，更不可以長相廝守。我常跟股票族新權友說，「玩權證賺得是投『機』錢，只要能掌握到上升趨勢時機、機會，就能狠賺！」進場後，股價不同預期，該漲卻沒有漲，無論賺賠，都要盡快出場，留得青山在，等待下一波浪頭翻起時，一定會獲利。

　　前文即已提到，權證獲利方程式，不只賺一次波動錢，而是波波連動錢；只要追逐股市波浪，看懂波浪形勢再下單，就會是權證波浪好手，保證開心衝浪，獲利滿滿。

　　不過股票玩久了，一下子要進入嚴守「隔日沖、三日沖」的交易紀律，不少股票族尚無法適應。我常用「腦筋急轉彎功力不足，好好練功」形容，會鼓勵大家一定要給自己一段適應期，重新培養短日操作的心法。只要調整好心態，重新學習權證沖浪法，獲利指日可待。

投資權證，獲利翻倍

■ 密技 5：在對的時機進場，讓獲利加倍

　　權證是有今天買，明天賣，獲利的高機率，但是行情不是天天有，也不會常常有差距很大的浪頭；但是絕對有大浪浪頭的權證。在對的時機，挑選到有獲利的權證後，接下來就是學會等待，觀察及研判浪頭的高低，然後再賣到最高點獲利了結。

　　什麼時候會出現大浪頭？股票族玩權證新權友不容易掌握。我常跟他們說：「不急，先用 2、3 千元的小錢，買個一、兩張觀察浪頭變化，先學習在心臟跳動下，還能掌握浪頭的起伏，並在不受影響下，等待到設定的價位，接著按下賣出的確定欄位。」

權證就是等事出有因時機下單

　　「無風不起浪」的意思是事出有因，有獲利權證的

浪頭也常是「事出有因」，無論是好與壞的原因，都會有浪頭。只要有一顆敏銳心思，就能在事出有因之前發現起浪趨勢，等待取得先機的機會。請參考第47頁〈掌握獲利波動5時機，就能狠賺〉一文，就可以發現等待時機何等重要，在對的時機下單，就能讓獲利滿滿。

等待是讓投資人瞭解投資性格的必經過程，沉得住氣的人，才能在不斷跳動的數字下，完全不受影響，讓自己不猶豫，當下做出獲利的下單動作。我常跟新手權友說：「學會等待與修身養性相同，等待過程是讓自己情緒穩定的一個方法，愈穩定，判斷就會愈明確，獲利機會就會大增。」

獲利不是說每次下單都一定要賺得最高，而是每次下單都一定要獲利，哪怕是賺一塊錢都是獲利。「求勝率比求賺多少更重要」，代表你愈來愈懂得看盤，也不會被跳動中的數字失去投資原則。

▌密技 6：謹守今買明賣，隔日沖紀律

投資股票有三大關鍵：「選股、選時、賣股」；投資權證一樣有三大關鍵：「挑選有波動趨勢的好股、在有波動時機進場、謹守隔日沖紀律」。大部分股票族新權友對於隔日沖操作不太熟悉，覺得交易時間太快，才剛買到手，還沒有研究好賣價，隔日就要賣掉，不能等一段時間，三天、五天再賣嗎？

果然是股票族玩權證新權友的提問，權證老手最常用的作法就是隔日沖，很少會用三、四天以上的「小波段操作」；但對剛進場的新手權友來說，「隔日沖的短線操作不容易，時間長一點的小波段操作應該會比較理想。」

壓低持有時間降低損失

我告訴他們說：「謹守紀律是賺多賠少準則，沒有紀律的下單，反而會被市場波動輸掉成本。」因為股市變化以秒計，說變就變，而多數人在玩權證時，是以價差作為進出依據，不會注意到隱波的高低。如果挑選的權證又為高隱波權證，表示交易者需付出極高成本，加上權證是有時間價值的衍生性商品，會在時間等待下消耗價值，必須要有效壓低持有的權證時間，才不會出現夜長夢多的憾事發生。

隔日沖還有一個好處，成本資金可以活用，不會留倉，即使出現虧損，也會比較小；不像小波段操作，留倉時間愈長，面對的波動風險愈高，一個急跌，往往會超過 20% 的損失。

並不是說小波段操作不能做，而是對股票族玩權證新權友來說，尚不熟稔股市趨勢及波浪訊號，虧損率會

提高。我曾經有做小波段操作，希望提高投勝率幅度到一、兩倍，結果虧到了。當時買的是欣興元富 059261，購入價格 1.22 元，留倉 13 天，虧損 -21.1%，這就是持有時間太長的壓力。

另外一檔義隆電權證，我買在相同價格 0.99 元，但分兩批賣出。一組是隔日沖，第二天以 1.09 賣出價格，一組是小波段操作，第十三天以 0.94 價格賣出，雖然總投勝率是 2.0%，但勝率已經很明顯，隔日沖大於小波段操作。正因如此，我才會用經驗值建議股票族新手權友要以隔日沖為主，小波段操作為輔。

有些新手對於隔日沖操作覺得有心理層面的壓力，好像克服不了緊張情緒，往往該買沒買到，該賣又沒賣到；但隔日沖風險比較小，操作時若遇到卡卡不順手。我的建議是多操作幾次，只要去除心魔，很快就會適應短日沖的操作，也能掌握到操作訣竅。

隔日沖操作模式三步驟

我的隔日沖操作模式有三個步驟：

步驟 1：買進前一日先做挑選功課，找出有漲勢波
　　　　浪的標的股及權證標的。

步驟 2：下單日，通常會在尾盤買進。

步驟 3：第二天是賣出日，通常會在 9:05-10:30 賣
　　　　出，會視當日行情調整，但是 10:30 以前
　　　　一定會賣出。

▌密技 7：透過認售權證鎖單獲利

前文已經提及，這本書是以看多的認購為主，也叮
囑股票族玩權證新權友最好先行購買認購權證，主要作
用是希望大家能夠專注學好權證操作，避免分心而獲利

有限。但因股市瞬息萬變，目前權證交易尚不能當沖，若購買後發現走勢不對又要鎖住獲利，可以善用看空的認售權證鎖住獲利。

買認售權證鎖單獲利的作法類似買保險，避免急跌後損失擴大，或許還可以小賺，只要善用認售，就能避掉權證過夜的風險。這種作法類似當沖策略，低檔買進認購權證，高檔買進認售權證，這種投資組合可以有獲利準頭。不過證券商掛單量會影響認購售投資組合的搭配，所以要選有流動性的優良證券商發行的認售權證。

此種作法雖然簡單，但是需留意兩點，我在操作權證過程中，深受證券商林旅仲經理的啓迪。他建議在操作認購與認售的投資組合時，第一要注意認購與認售的 Delta 值的對稱，如果認購的 Delta 值是認售兩倍，則認售持有張數必須是認購的兩倍，再依此類推。第二要注意該組合需付出兩倍的價差成本，盡量選擇價差較小的權證，避免成本過高。兩點啓迪非常重要，當我察覺認

購權證有風險時，就會再觀察 Delta 值的對稱程度及價差成本，果然奏效。

我也常與股票族玩權證新權友交流，開始玩權證時，還是以認購為主，玩出心得後，再來學習如何透過認售權證鎖單獲利比較安全。

▋密技 8：看好多檔潛力股走勢再進場

有位沒有買過權證的朋友，聽我講權證可以賺錢，很想下單感受權證魅力，但很擔心「買進後要盯盤，不能放著不管」，所以遲遲不敢下場玩權證。權證是短日操作，如果少有當日沖、隔日沖經驗的股票族會擔心沒有時間盯盤，造成虧損。

我的經驗是，學習如何操作權證初期，會花一點時

間盯盤，累積操作手感，等到上手後，可以不用時時緊盯盤勢，但是一定要培養搜集觀察名單的好習慣，隨時都有 50 至 100 檔潛力個股。只要前一天研究好個股籌碼走向，並在盤前掛好預約單，當天下午 1 時以後再觀察持股狀況，第二天 9:30 至 10:30 就可以賣出。

在對的時機操作權證，因為有波動指標，只要挑選好權證，設定好買價、賣價，不用盯盤，一樣能夠翻倍獲利。

[Part 10]

在「對」的時機
玩權證有利可圖

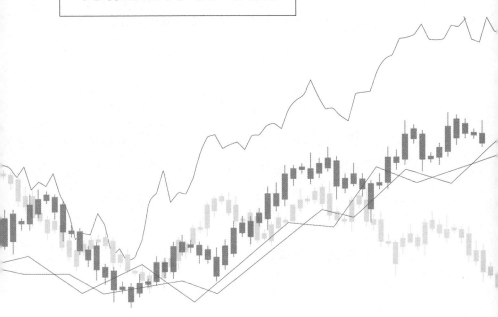

▌對的時機就是有浪頭升起趨勢

　　權證獲利準則就是要在浪頭興起時買進，成本一定比較低，然後在起漲到最高點，或開始要下滑階段賣出，無論上升或下降，都有一段波幅，獲利不會是 20、30% 而已，更是數倍以上。反之，最高點買進，又在最低點賣出，就是虧損，雖然不像股票大賠，但就是賠錢。

　　我在前文有提到，買賣權證與衝浪相近，不是每個海邊都有浪頭可以玩浪，所以才要挑選有浪頭的海邊玩；另外要玩得盡興，也必須選對時間。獲利權證也是如此，一定要挑選有浪頭的時間點進出，才有翻倍獲利機會。

掌握有浪頭趨勢時機進場

　　股票族對於股票漲跌起伏覺對超有感，也懂得低檔入市，高檔賣出的道理，但是操作權證的心法更要抓準

「在對的時機」進場。就像玩衝浪一樣，一般人會認為夏天是玩衝浪的好時間，不過在台灣玩衝浪的好手的想法不同，雖然一年四季都適合衝浪，但是要享受到衝浪的樂趣，他們更熱衷於秋冬出發，因為有東北季風的推波助瀾，更能享受衝浪的快感。有些高手更願意在史詩級的颱風巨浪中與浪追逐，才能彰顯他們玩浪的技巧有多麼高。

在我操作權證浪頭多年的經驗中，權證要獲利，一定要掌握到有浪頭趨勢的時機，若能早日研判個股的營收狀況，進場布局，就能夠好好享受追浪過程，讓荷包獲利滿滿。

▌除權息日是好時機，股價波動劇烈有行情

除權息日絕對是玩權證的最佳時機。每年 6-9 月，

是進入除權息的旺季，通常除權息日當天股價波動比較劇烈，槓桿倍數高，有獲利時機。股票族對於除權息通常不陌生，也知道除權息日會有行情，不過我還是得將除權息說清楚、講明白。

除權息是企業有盈餘後，會將一部分賺到的盈餘，用股票或現金的形式，分配給持有股票的股東，用股票分配稱為除權，用現金分配稱為除息。用行話說明，配息是發放現金股利給股東，也就是股東口袋會多一筆錢，配股是發股票股利，也就是股東口袋中沒錢，可是會多些股票，目前是發股息的公司比較多，配股票的公司比較少。

由於分配除權、除息以後，股價會下跌，但是除權息參考價會影響下一日的價格，所以績效不錯的公司會在除權息前，有明顯拉抬動作，當股價波動出現劇烈震盪，認購權證獲利勝率就會大增，這就是為什麼要積極布局的原由。

投資權證，獲利翻倍

公司除權息是公開資訊，可以上證券櫃檯買賣中心下載，有詳細資訊可以參考（http://www.twse.com.tw/zh/page/trading/exchange/TWT48U.html）。

操作除權息股權證獲利機會飆高

股票族會重視除權息行情，如今我會跟股票族玩權證新權友說，一定要參與每年除權息行情，這是利用權證賺錢入袋的大事，要好好把握。若標的股順利填權息時，認購權證的投資獲利可觀，因為配息、配股後，當天股價會從下降指數拉高，可以順勢而為。每年我都在除權息行情中獲利不斐，所以常跟股票族新權友分享，只要做好功課，有利可圖自是可期。操作除權息股必須做好 5 功課，才能在除權息波浪期間大賺一筆。

功課 1：留意標的股除權息日

除息股行情期間，尤其是 6 至 8 月，股票族玩權證

新權友務必留意標的股除權息資訊，包含除權息時間、發放的現金股利、標的股漲跌趨勢、技術指標，只要在除權息日的前 1-2 天購買權證，就有參與及享受除息權機會。

以 2020 年中華電為例，除息日為 2020 年 7 月 2 日，想要利用權證參與除息行期的新手投資人，最晚要在 2020 年 7 月 1 日收盤前買進，2020 年 7 月 2 日當天開盤後，就可以根據個人設定的投報率賣掉。但因盤勢不同，還是需要觀察是否會提前有行情。

每年到了 6 月份，我就會關注除權息相關資訊，標的股公司會陸續公布發放現金股利訊息，無論是從報紙、雜誌或網路都可以發現這方面資訊，我一定會製作一張標的股除權息表格，清楚載明日期，以利我早日選定標的股布局。建議股票族玩權證新權友也要製作類似表格，及早觀察各股走勢及技術指標，才能在除權息行情波浪時賺到笑呵呵！

功課 2：挑選有好條件的標的股

不是每檔股票都有除權息行情，要挑選有條件的標的股，我挑選標的股一定具有以下條件：

- 一定是有獲利的公司，且第 3 季業績持續成長。
- 均線上揚，五日線、十日線、月線技術線型均呈多頭走勢，且需站上季線。
- 殖利率 >4% 以上。

不過有些例外，好條件的標的股在除權息之前已經漲過，切忌不再追高購買，降低風險，如果大盤指數呈空頭走勢，不要積極參與，而是採取停、看、聽的作法。

投資權證以來，我積極參與除權息行情，就是依據以上條件挑選，友達、富邦金、國泰金、鴻準、美律、群創、鴻海、台積電、瑞儀、神準、台勝科、聯發科、義隆、廣明等，都是我挑選的標的股，總獲利率平均約

為 10%，其中交易最高獲利率甚至到 40-50%。所以我常跟股票族新手權友說：「選股會影響獲利率，一定要好好挑選，慎選標的股的權證一定會有獲利勝算。」

功課 3：積極密集操作

除權息行情在 6-9 月是一波又一波，每個交易日都有，所以要積極，而且密集操作。新手權友可以先行安排每週一、三、五買，每周二、四的操作模式。究竟每次要買幾檔操作？我的建議是 3 檔標的股，可以好好照顧每一檔的行情。

功課 4：除權息前 1 日買，除權息當日賣

除權息行情是要賺除權息時的價差，因為標的股在除權息當日，股價常因發放現金股利、股票股利下跌，此時出現填權息行情時，權證也會跟著波定而有價差。因為行情很短，我建議新手權友採取「隔日沖」，除權

投資權證，獲利翻倍

息前 1 日買進，除權息當日賣出，可賺取漲勢行情。比較好的買點是在 12 點半左右，快收盤時反而不好買；至於賣點，9:02 造市開始時就可以下單，除非行情真的不錯，可以先賣一半或 2/3，不然全部賣出，但是 9:30 以前需全部盡出。

功課 5：需先設定漲幅比率

一般標的股的除權息行情，除權息當日常有 2% 以上的漲幅，10% 以上的獲利也不少，挑選好符合條件的權證以後，需先設定 2-20% 投保率比率，但別預設好價格，可保持高勝率的操作。

▇ 注意 4 特定事件，有波動行情

某些特定事件也會造成標的股股價波動，比方說：

法人說明會、財報公布、股東會召開，或是重大利多消息揭露，甚至連總統大選等都會有波動行情，可以尋找適合的標的股操作，也是不錯方法。

法人說明會前夕常有波動行情

法人說明會簡稱法說會，是上市櫃的公司直接面對法人、新聞媒體溝通的公開管道，每一季或每半年辦理一次，由公司經理人報告公司業績、財務預測、未來營運策略，同時提出對產業前景發展的看法。

法人是指外資、自營商、投信，是買賣股票的大戶。法人研究部門有專業分析師，一樣會對上市櫃公司的營運狀況、產業前景進行研究；透過財報分析予投資評價，他們對未來的意向，可是相當重要的一個指標，往往會造成股票劇烈波動，可能是大漲或大跌，所以一定要特別留意。可以在漲波中賣出，拉高槓桿倍數，也可以在大跌中低檔承接，降低購買成本，但是要注意到

期日，避免買到快要到期的權證。

法人說明會是公開資訊，可以上證券櫃檯買賣中心下載 http://www.tpex.org.tw/web/regular_emerging/investor_conference/latest/latest.php?l=zh-tw，有詳細資訊可以參考。

財報公布前後有波動幅度

獲利高的個股企業，在財報公布前後，波動幅度常有很大的變化，此時投資權證，勝率會加分，權友必須定期追蹤標的股的財報公布。

財報有分月營收，每月 10 日以前，所有企業必須公布前一個月的營收報告。季報則是每年有四次機會，企業必須在 3、5、8、11 月公布前四個月的營收，代表近期的成果。年報每年需在 3 月 31 日前公布，如果標的股獲利亮麗，而且超過預期營收，通常會有震盪行情，

最好在前兩、三日及早布局，利用高槓桿獲利的勝率很高。

股東會召開旺季積極布局

每年 5 月進入股東會召開旺季，也是布局認購權證的獲利黃金時機，只要營運績效不錯的公司，股價通常都會有波動。不妨趁著個股大浪飆升時，積極布局，讓獲利翻倍。

重大利多消息揭露會出現波動震盪

重大利多消息係指類股或個股出現獲利訊息，此時股價就會出現波動震盪。股市中不乏各種重大利多消息，無論是新科技發展、市場買氣旺盛、市場缺貨、併購等獲利資訊，都會帶動股價波動。通常平均有 2-6% 漲幅，若有利多消息震盪，權證獲利常有翻倍機會。

投資權證，獲利翻倍

[Part 11]

提高獲利
必學盤勢技巧

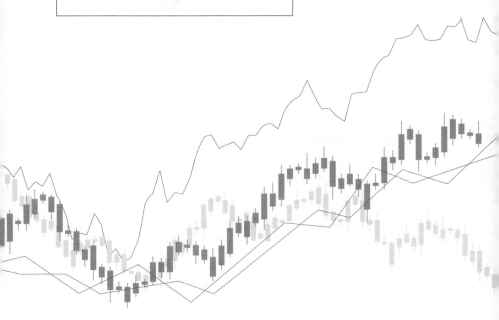

■ 提高獲利必學 1：五檔報價行情板

我常會跟股票族新手權友聊「盤感」，希望他們要練習看盤，看久了會對上下波動的盤勢有感覺，交易時會提高投勝率。我將盤感視為下單前的風向球，可以看出價格趨勢往哪個方向走？看懂買盤與賣盤的力道，就可以判斷何時買？買在哪一個價格？何時賣？賣在哪一個價格？看對了再下單交易，就會提高勝率。

看懂盤感變化掌握投勝率

盤感是形容看盤門道，那要看什麼？就是要「五檔報價行情板」，因為提升投勝率門道就在行情板上。只要股票市場開始交易，所有「前日盤價、開盤價、最高價、最低價、現價」、「買價、委買量、賣價、委賣量、單量、總量」的交易資訊，都會顯示在報價行情板上面。可以邊看報價，邊做出交易判斷，可以再參考日 K 線指

投資權證，獲利翻倍

標，就能看出盤勢風向球。

　　五檔報價是台灣證券交易提供給投資人做爲買賣交易時的公開揭示資訊，「五檔買價、委買量」及「五檔賣價、委賣量」的 10 檔顯示，已經將「最佳未成交單」清楚揭示，可以提供給權證投資人未來決策參考。

　　五檔報價是數字的跳動，數字一分一秒的滾動式跳動，都與買價、賣價息息相關，看盤時需留買價、委買量及賣價、委賣量之間的變化。

瞭解內盤與外盤意涵

　　看盤的時候，買價、委買量會用「內盤」表示，賣價、委賣量會用「外盤」表示，這是交易員的術語。透過內外盤的比例，是可以嗅出當天及即時的交易，究竟是買盤多，還是賣盤多。

當內盤量＜外盤量，代表賣方比買方積極，賣盤強過買方，股價容易下跌。如果想買的人，可以布局承接；如果想賣的人，必須快點出脫，以免股價愈來愈低，繼續下跌。當股價內盤量比例 30%＜外盤量 70%，顯示多方力道虛弱，不太可能上攻，空方賣單增加就要小心了。

　　當內盤量＞外盤量，代表買方比賣方積極，買盤強過賣方，股價容易上漲。如果想買的人，就需要等一等。等到股價下跌買；如果想賣的人，可以設定合理價格賣出。

　　但是交易是瞬息萬變，為了研判即時交易的盤勢，更重要的是要看目前股價的位置，是內盤成交價，還是外盤成交價，以及成交單量的多寡。如果內盤量＞外盤量比例很多，價又不跌，該是漲勢訊號；反之，內盤量＜外盤量比例很多，價又不漲，小心跌勢訊號。另外內盤價成交，常是賣方的攻擊單，外盤價成交，常是買方

的攻擊單，兩方勢力究竟是哪一方在發動，常可以從五檔報價行情板看出端倪。

「五檔報價是分秒的紀錄，不論是量穩的盤勢或量大的盤面變化，尤其是從平穩到動態的數字跳動，你會發現可以理解的現象，或是不能理解的怪現象」，這是我會對新手權友的說明。

因為有時候你會突然發現「量大、高價」的盤面，常會以為是漲勢，可是一瞬間就不見了，甚至是價格突然下滑好幾檔，讓你措手不及。有時候你又會發現股價又出現買盤，而且委買單順利消化，看似上漲的力道，問題是你敢買嗎？如果是低檔區，買沒問題，如果是持續上漲後的買進，可就要小心了。

五檔報價的數字即時跳動，看懂每分每秒盤面變化再下單，投勝率就會提高。

■ 提高獲利必學 2：5 技術指標當參考

　　有些股票族非常倚賴技術指標，下單前會研究 K線、壓力線、支撐線、移動平均線（MA）、KD 值等，我與他們討論權證時，會很在乎技術指標，該如何計算何時買、何時賣的交易策略。畢竟不少股票族的投資經驗是「買股票要獲利，技術指標早已透露端倪」、「春江水暖鴨先知」，因為技術指標有如江上的鴨，無論曲曲折折的線圖、棒圖，往上、向下、糾結、分開的圖形都有訊號，看懂圖形，認真執行，就會朝獲利方向前進。

　　就我個人多年投資經驗值顯示，股票族玩股票，是需要熟稔技術指標，才能在股海中練就一身獲利本事。坊間中談技術指標的書、雜誌、網路資訊、課程多不勝數，要取得非常容易，不用再多加介紹，只要有心學習，一段時間後就會運用自如。我僅以個人投資權證經驗說明技術指標與權證之間的運用。

挑選潛力股時我會使用技術指標，要在哪一個時機買或賣，也會參考技術指標，最常參考的指標有以下 5 種：

1.K 線

K 線是許多 K 棒形成的線圖，是反應該檔股票股價的趨勢，無論是上揚或下跌，都可以清楚呈現。我看的是標的股整個走勢，以及壓力線、支撐線兩條不同的線形。從壓力線及支撐線兩股力量之間的拔河賽，可以幫助我決定買或賣。如果股價突破壓力，股價會上漲，可準備進場買權證。

2. 移動平均線（MA）

移動平均線（Moving Average, MA）是權證獲利最普及的判斷指標。移動平均線有短、中、長期的計算方式。短期以 5 日（MA5）、10 日（MA10）交易日為主；

中期以 20 日（MA20）為主，也就是月平均線，一般稱為月線；長期有 60 日（MA60）移動平均線，時間是 3 個月，稱為季線。由於權證有賞味期限，時間多為半年左右，所以要特別注意月線趨勢。

　　股票族新手權友有時不瞭解移動平均線與權證獲利之間究竟有什麼關係？移動平均線是掌握多空趨勢的重要指標，買認購權證，就是要看 5、10、20 日的平均線是否是多的趨勢。當短天期均線的 5 日、10 日均線在長天期的季線之上，就是多頭市場；或是 5、10、20 日個移動平均線都是上揚趨勢的多頭排列，就是買權證訊號。另外買進及賣機的時機是獲利關鍵點，若買進在低點，賣出在高點，一定會獲利，此時 5、10、20 日移動平均線的趨勢線就大大派上用場，因為可以從這幾條平均線判斷股價發展趨勢；若今天股價高於 5 日線，代表過去 5 天進場的投資人都賺到錢，是看多趨勢，進場買權證有獲利空間。

3.KD 值

KD 指標已經廣泛使用 50 年，是權證買賣獲利的重要參考指標。KD 值一樣有計算公式，新手權友會用比知道如何計算更為重要。**KD 值是用來判斷股價強弱趨勢及尋找轉折點的重要技術指標，**可以說是移動平均線的延伸技術工具，內含數值除了收盤價，還包含最高價及最低價，對於評估短行情更為敏感。

KD 值是由兩條線組合而成，一條是 K 線，一條是 D 線。線圖上 K 值是藍色，D 值是紅色，K 值反應比 D 值敏銳，反應市場價格速度比 D 值快速，所以波動較 D 值大。

買賣認購權證，KD 值到底怎麼使用？

‧ K 值在超賣區，呈現從下向上穿過 D 值時，是黃金交叉，是買權證的訊號，代表標的股有向

上漲的**趨勢**。但不是 K 線穿過 D 線，價與量一定會漲。如果價不漲，量不增，K 線又向下時，需儘快賣出，獲利了結為先。

- K 值在超買區，呈現從上向下穿過 D 值時，是死亡交叉，是賣權證的訊號，代表標的股有向下跌的**趨勢**。

- KD 值反應過於靈敏，買賣訊號多且亂，瞬間訊息常會被淹沒，甚至會鈍化，以為是買對了，很有可能是錯誤訊息，因此需與其他指標一併使用，如移動平均線、MACD，避免判斷錯誤。

4.MACD 指數

平滑異同移動平均線（Moving Average Convergnece & Divergence, MACD）指數是長期及短期移動平均線，可以看出股價波幅屬於收斂或是散發的兆頭。獲利權證的基本條件是低點買進，接著出現大浪的波幅，在股價往上衝的波段賣出，最好是在最高點賣出，獲利常是倍

數。MACD 指數是偏中線波段的技術指標，可以做出有依據的判斷買賣訊號及最佳時機，也就是能夠確定波段漲幅、強度、方向、能量、趨勢周期，股票族新手權友能儘早布局及找到最佳買賣時機。

有幾個觀察重點，是買進或賣出訊號，需要留意：

・DIF ＞ MACD 時，買進訊號。
・MACD 突破 0 軸，就是認購權證買點。
・DIF 值與 MACD 呈黃金交叉，買進訊號。
・DIF ＜ MACD 時，賣出訊號。
・DIF 值與 MACD 呈死亡交叉，賣出訊號。

5. 相對強弱指標（RSI）

相對強弱指標（Relative Strength Index, RSI）主要是評估買與賣盤力道的強弱情況，原理不難懂，是以 0-100 數值的量化方式評估買賣雙方的力量，通常會有

強、弱及相等的參考，是目前廣為使用的評估技術指標。可以作為股票超買、超賣的參考，同時判斷權證進出場的訊號。

RSI 的使用，是選定一個期間的天數，做為參數基準，最常使用的是 5 日、10 日、20 日，是利用每日收盤價格的漲跌值計算一個特定期間，買與賣的相對強弱度。通常價格上漲，顯示買方力量強，而價格下跌，代表賣方力道強。

RSI 也有公式，但怎麼計算不重要，股盤中都有 RSI 線圖，看得懂及確實使用最重要。買賣認購權證，RSI 值到底怎麼使用？

- 當 RSI 值小於 20 時，為超賣訊號，市場過冷，股價準備開始反彈，要上漲了，可以買認購權證。
- 當 RSI 值大於 80 時，為超買訊號，市場過熱，

股價準備開始反彈，要下跌了，準備賣認購權
證。

· RSI 值的基期天數不同，當短天期 RSI 值從 20
朝長天期 RSI 上穿時，是黃金交叉，是進場買
權證的訊號，當然也不能因為有漲勢，急著要
賣權證，尚需觀察上漲的價位是不是合理。

· 當短天期 RSI 值從 80 朝長天期 RSI 下穿時，是
死亡交叉，是賣權證的訊號，當然也是不要進
場買權證的訊號。

· 超買與超賣已是股市常態，當位在 80 的超買區
及 20 的超賣區時，RSI 指標有時也會出現微幅
調漲或調降的鈍化，因此需與其他技術工具一
起使用，避免過早賣及買進，造成少賺或多賠
的遺憾。

[Part 12]

股票族新權友
操盤 10 叮嚀

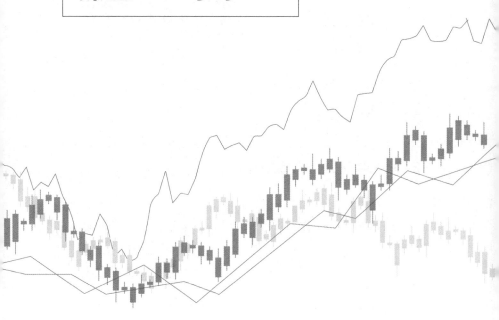

1. 權證是可以當日沖？隔日沖？或短天數交易？

正解》認購權證無法當沖，今天買，明天賣的隔日沖、小波段交易都可以。

目前股市當沖交易很風行，比例愈來愈高，有些股票族新手權友玩過當日沖，以為權證可以當沖；其實無法交易，權證適合今天買，明天賣的隔日交易，會提高勝率。如果行情可以等，可以多三至四天的短天數，不過不要超過一個星期。

2. 可以買成交量少的權證？

建議》權證的價比量重要，只要掛的是委買、委賣，都可以成交。

權證成交量少，好像都沒有投資人買賣，股票族新權友常有疑慮？買到後會不會賣不掉？權證委買和委賣

投資權證，獲利翻倍

單，都是發行券商以理論價格掛單，只要發現委買、委賣是以百位數掛單（如 100、200、499），就是證券商的掛單。如果是流通在外的權證，委買、委賣就是投資人掛了，成交量不會多，20、50 或 100 張。如果挑選的權證發行商是有公信力，造市品質不錯的證券商，即使成交量不大，倒是不用擔心，仍然會有交易品質；若要賣掉證券，請掛內盤價（委買），就會成交。

成交量少的權證仍然可以買，需有注意事項：

1. 最好挑流通在外比例低於 70% 的權證，代表券商有造市能力。

2. 購買時需先查看，若流通在外比例，如果大於 90% 時，不要購買，避免碰到券商不造市無法賣出。

3. 成交量少的權證，表示不受投資人青睞，常是證券商容易調整隱波所致。尤其是標的股交易熱絡時，容易出現賣價很高的假象，誘使投資人進

場，購買前需謹慎下單。

3. 獲利權證有沒有最好買進的時間？

建議》有波動股價，要掌握 5 大最好買進時機。

權證賺的是波動股價的「時機」錢，也就是「投機」錢，當股價有漲勢波動時，就會獲利 2-12 倍。任何時間都可以買賣權證，但是掌握 5 大時機進場，常會有今天買，明天賣，獲利倍數的勝率。最好的 5 大時機是：除權息日期前夕、財報公布前後、法人說明會前夕、股東會及重大利多消息揭露期間，波動一定會有漲幅，此時進場，精算設定進出場價位，一定會有高獲利。

4. 熱到夯的標的股權證不要下單？

建議》人多的地方不見得要去，避免傷財又傷心。

很多人都有「排隊的店家，東西應該好吃」的心理作用，只要一見到有人排隊，就會跟風排隊。同樣的，熱到夯的標的股權證，散戶常會蜂擁而上，跟著搶購，致使權證價格變動很大。如果發現某個族群或個股出現過熱跡象，突然爆出大成交量且收黑 K 線，請不要隨意操作相關權證，因為小蝦米是很難扳倒股市特定大戶的操作手腕。這種跡象很有可能是權證籌碼集中在某幾位特定大戶手中，他們又習慣操作隔日沖，發行券商為了減緩隔日權證的風險成本，常會採取隔日減少委買掛單量減低回收速度，不然就是利用調降隱含波動度影響權證價格。小蝦米散戶的作法很簡單，就是不要搭上權證大戶製造的順風車，避免傷財產又傷心。

5. 下單是委賣單，交易報告卻顯示委買單全部成交？

建議》下單之前、下單之後，必須再三確認是委買或委賣，以免下錯單，打錯算盤。

權證下單可以輕鬆以對，但是也會在急促中按下送出。權證賺得是時機錢、投機錢，不少權友都有發生下錯單的情形，明明是委賣，價格比較高，卻沒有看清螢幕上的是「委買」，等到交易報告顯示「委賣單全部成交」，才發現下錯單，懊惱到不行。為了避免下錯單的事件頻頻發生，一定要養成好習慣，下單之前一定要再三確認，下單之後也要返回委託報告頁面檢查下單是否正確，避免下錯單，讓原本的獲利變成損失，懊惱已來不及！

6. 哪一個時間進場買權證，會有較高獲利機會？

建議》股票有波動起伏期間，權證獲利比較高，但購買時要注意個股表現，當波動起伏處在下降軌道，就要特別注意，尤其是有消息面訊號出現時，一定要再三比對該消息的真偽，避免錯失時機。

如果出現以下時機，就是可以進場掛單買賣標的股

權證的訊號：

- 股價已屬超跌價，有反彈空間。
- 重大利多因素正在醞釀。
- 利空因素出盡時。
- 股價行情向上攀升，停頓整理一段時間，籌碼已消化得差不多。
- 不確定政策造成非理性的指數下滑。
- 總體經濟已從低迷逐漸走向景氣復甦。

如果出現以下時機，就是不要進場買標的股權證的訊號：

- 重大利空因素開始形成，跌勢業已確定，行情已無力支撐。
- 股價漲勢已到達高峰，已沒有向上攀升的籌碼，長期投資已逐漸失去優勢。
- 預期利多的消息已經全部釋放，主力趁機出脫。

- 股勢向高峰邁進階段，成交值突遽增，但股價卻沒有上漲，有可能是中實戶的籌碼出脫造成的現象。
- 人氣、資金散去，成交量萎縮，近期該不會有什麼漲勢行情，所以早些賣出，少虧為贏。

7. 認購權證買與賣都需要支付交易稅？

正確》買賣認購權證是公開交易，是需要支付一些費用。

買賣認購權證有兩筆費用，一是手續費，一是交易稅，但支付作法是依據買進或賣出有所不同。買進時，單筆需支付千分之 1.425 的手續費，費用＝每股價格 × 買進股數 ×0.0014251。以買進每股 2 元的權證 10,000 股為例，手續費 28.502 元 ＝ 2×10,000×0.0014251。但因為權證手續費最低為 28.5 元，需支付 28.5 元。

投資權證，獲利翻倍

如果費用不到 20 元，單筆最低手續費為 20 元。以買進每股 1 元的權證 1,000 股為例，手續費 1.42 元（$1 \times 1,000 \times 0.0014251 = 1.42$ 元）。但因為權證手續費最低為 20 元，仍需支付 20 元。

8. 權證會有不交易的時候？

　　<u>正確</u>》有些時候權證可以不交易，端視法規及證券商的條件而定。

　　有些股票族新權友看到權證沒有報價，發出「是怎麼啦？」疑問，發行權證的證券商依規定具有掛買賣價造市的義務，但有些情況證券商可以不提供報價，開盤後的 09：00-09：05 及收盤前的 13：25-13：30，是可以不報價。另外有些情況也可以暫時不交易，例如：

　　　・標的股公司發生併購、增資、減資、股份轉換
　　　　的情形，標的股暫停交易，權證也會跟著不交

易。

- 發行該檔權證的證券商，手中握有的權證所剩不多時，通常是 10 張以下，是不會提供委賣報價，但仍會提供委買報價。
- 標的股漲跌停時，證券商也可以不報價。僅漲停時，認購權證可僅申報委買價格；跌停時，認購權證可僅申報委賣價格，認售權證則反之。
- 當然可能出現意外狀況，例如電腦當機、網路線挖斷、強烈地震等，無法提供交易。

9. 權證價格合不合理怎麼看？

建議》若發現價格不合理，可以直接撥打該權證發行券商的服務專線問清楚，避免損失個人權益。

權證是衍生性金融商品，每一檔權證都是由證券商發行，依規範證券商必須負起造市責任，所以權證的委買、委賣掛單也由發行券商負責提供。因為造市有嚴格

規範，盤面上看到的價格與張數，都屬於安穩、放心的合理價格。不過權證市場是自由交流，因此在少部分的情況下，五檔報價可能並非由券商提供，而是市場自由機制下的自由掛單。

依據目前現狀，有三種可能發生價格不合理的現象：

1. **開盤前 5 分鐘**。有些證券商會等到股票報價後才會開始掛單，所以前 5 分鐘的價格不合理，或者是有些急著買賣的人，可能會將權證價格以不合理的金額拉高或殺低。

2. **股票漲跌停時**。若股票出現異常漲跌停，證券商無法快速避險，也可能會採取無法掛單策略。譬如漲停時，買不到本尊的股票，分身的權證也不可能有合理價格。

3. **權證銷售一空**。太熱門的股票不好買，權證也有

可能因為流通在外的張數比例高達 100%，代表
已經銷售一空，手中沒有權證的證券商當然也無
法提供合理賣單；或者市場過熱，價格拉抬到不
合理，證券商也會掛上停售訊號。

　　無論是哪一種，只要覺得價格異常，可以直接撥打
該權證發行券商的服務專線瞭解問題所在。

10. 買權證為什麼要留意隱含波動率與穩定度？

　　建議》跟投資人投資的成本及獲利有關，買賣時要
留意一下，最好的作法是先觀察幾檔不同家證券商發行
的權證，可以找到相對便宜的權證。

　　波動率是指標的股價格的活潑程度，對玩權證股票
族而言，隱含波動率反應權證價格是「貴」或「便宜」。
當標的股未來波動程度高，也就是隱含波動率高時，權
證就會貴；隱含波動率低時，權證就會便宜。但對發行

　　　　投資權證，獲利翻倍

權證的證券商來說，會先行參考標的股「歷史波動率」，再制定較高的波動率，才會有利潤可圖。

譬如過去 6 個月國巨歷史波動率是 25.1%，證券商發行國巨權證的委買隱波率會升高至 30%-33% 之間。不過較高的波動率對投資人較為不利，可能會出現買貴又賣便宜的虧損憾事。所以下單以前，要先觀察波動率變化小，而且要穩定的合理範圍。

權證隱波率有委買隱含波動率（BIV）、委賣隱含波動率（SIV）及成交隱含波動率（IV）三個數字。其實最重要的是 BIV。因為要賣出權證時，只能賣在內盤價，表示賣出力道較強；如果 BIV 變得很低也要注意，有可能是證券商的誘耳，以為買到便宜權證，或許賣出時更低，一定要注意！

附錄

1. 股票族想進場投資權證，該如何開始買賣？

Step1：請至原開戶券商申請權證買賣。

Step2：開戶券商加簽一張「認購（售）權證風險預告書」。

Step3：完成後，即可透過電腦下單軟體購買權證。

Step4：使用任何一家證券商的電腦下單軟體，都可以購買各家證券商推出的權證，不用再到其他證券商開戶。

Step5：相關權證基本資訊可參考各個證券商權證網、網路股票資訊網（奇摩股票、鉅亨網等）。

2. 新手投資人要投資權證，該如何開始買賣？

Step1：備妥雙證件、印章，至住家或公司附近證券商辦理。

Step2：需開立證券戶與銀行交割帳戶，同時簽署「認購（售）權證風險預告書」。

Step3：完成後，即可透過電腦下單軟體購買權證。

投資權證，獲利翻倍

Step4：使用任何一家證券商的電腦下單軟體，都可以購買各家證券商推出的權證，不用再到其他證券商開戶。

Step5：相關權證基本資訊可參考各個證券商權證網、網路股票資訊網（奇摩股票、鉅亨網等）。

3. 熱門證券商權證網、權證平台網址

證券商名稱	權證網名稱	網址
元大證券	元大權證網	https://www.warrantwin.com.tw/eyuanta/
元富證券	元富權證網	https://iwarrant.masterlink.com.tw/warrant2013/index.jsp
日盛證券	日盛權勝網	http://warrant.jihsun.com.tw/
中國信託證券	中信權證網	https://warrant.win168.com.tw/
台新證券	台新權證網	https://warrant.tssco.com.tw/warrantweb/
永豐金證券	永豐金權證網	https://warrant.sinotrade.com.tw/j/
玉山證券	玉山證券網	https://www.esunsec.com.tw/tw-stock/z/zc/zcz/zcza.djhtm
統一證券	統一權證網	http://warrant.pscnet.com.tw/j/
麥格理證券	麥格理權證網	https://www.buywarrant.com.tw/index
康和證券	康和權證網	http://warrant.concords.com.tw/
國票證券	國票超 YA	https://www.ibfs.com.tw/ya-m/

富邦證券	權證財神網	https://warrants.fbs.com.tw/j/
凱基證券	凱基權證網	https://warrant.kgi.com/EDWebSite/Views/Home/Default.aspx
群益金鼎證券	群益權民最大網	https://warrant.capital.com.tw/index.jsp?ts=1296133729415
華南永昌證券	華南永昌權證網	https://warrants.entrust.com.tw/
網路股票平台	MoneyDJ 理財網	https://www.moneydj.com/warrant/xdjhtm/default.xdjhtm
網路股票平台	鉅亨網台股權證	https://www.cnyes.com/twstock/wsearch.aspx
網路股票平台	CMoney 權證網	https://www.cmoney.tw/finance/warrantsbystock.aspx

製表人：彭孺迪

4. 股票族投資權證觀察行情 3 重點

投資權證不用天天操作，有行情波動就要出手，以下是觀察 3 重點：

重點 1：權證獲利不變真理是高波動，有波動就能帶來高報酬，要抓住波段操作。

重點 2：波段操作要熟悉產業，對類股輪動必須有心得，瞭解類股市場動態。

重點 3：波段操作以短期策略為主，不能長期操作。

投資權證，獲利翻倍

5. 權證選股 5 重要策略

權證選股與投資股票不同，要選上升或下降波動的股票，以下是權證選股 5 重要策略：

1 招：金主（法人、股票大戶、內部關鍵人士）關愛的股票，連著 N 日買。

2 招：技術面強，籌碼面有量的標的股。

3 招：持續獲利股票。

4 招：近期獲利高的股票 。

5 招：落後補漲或低位階轉強標的股。

投資權證, 獲利翻倍 : 股票族斜槓投資，小資族波波獲利，讓小錢活起來超有感 / 彭儒迪作 . -- 一版 . -- 臺北市 : 時報文化出版企業股份有限公司 , 2021.08

面 ；　　　公分 . --（Big；368）

ISBN 978-957-13-9272-1（平裝）

1. 認購權證 2. 投資技術 3. 投資分析

563.5　　　　　　　　　　　　　　　　　　　　　　　　　　　　110012084

ISBN 978-957-13-9272-1

Printed in Taiwan

BIG 368

投資權證，獲利翻倍：股票族斜槓投資，小資族波波獲利，讓小錢活起來超有感

作者　彭儒迪 ｜ 圖表提供　彭儒迪 ｜ 主編　謝翠鈺 ｜ 封面設計　陳文德 ｜ 美術編輯　SHRTING WU ｜ 董事長　趙政岷 ｜ 出版者　時報文化出版企業股份有限公司　108019 台北市和平西路三段 240 號 7 樓　發行專線—(02)2306-6842　讀者服務專線—0800-231-705．(02)2304-7103　讀者服務傳真—(02)2304-6858 郵撥—19344724 時報文化出版公司　信箱—10899 台北華江橋郵局第九九信箱　時報悅讀網—http://www. readingtimes.com.tw ｜ 法律顧問　理律法律事務所　陳長文律師、李念祖律師 ｜ 印刷　勁達印刷有限公司 ｜ 初版一刷　2021 年 8 月 27 日 ｜ 定價　新台幣 380 元 ｜ 缺頁或破損的書，請寄回更換